Max Rubin

Der Verdingbub

Geschichten aus (m)einem verrückten Leben

Band 1

Brienna Verlag

Bibliographische Informationen
durch die Deutsche Nationalbibliothek:
Die Deutsche Nationalbibliothek verzeichnet
über diese Publikation detaillierte Informationen
in der Deutschen Nationalbibliographie;
im Internet sind diese Daten unter http://dnb.d-nb.de verfügbar.

Max Rubin

Der Verdingbub
Geschichten aus (m)einem verrückten Leben
Band 1

ISBN 978-3-942318-32-7

Druck: BookPress, Olsztyn (PL)

Sie finden uns im Internet unter www.brienna.de
Bitte beachten Sie auch www.buchdienst.de

Umschlagbild-Gestaltung: Barbara Krimbacher

Das Umschlagbild zeigt Interlaken mit der „Höhenmatte" in der Bildmitte, rechts das Hotel Savoy und im Hintergrund den Hausberg des Berner Oberlandes, die „Jungfrau". Die „Höhenmatte" ist seit alters her eine große Wiese im Zentrum des Dorfs und absolut unverbaubar. Im Hotel Savoy besuchte ich für sechs Wochen die Berufsschule der Köche und hatte dort unzählige Erlebnisse. Dazu verhalf ich dem Erfinder des Mundartrocks und der späteren Legende Polo Hofer im besagten Hotel zu einem besseren Übungslokal für seine Band. Die „Jungfrau", besser bekannt als „Jungfraujoch", hatte für mich als Verdingkind im Emmental eine große Bedeutung. Es stillte meine Sehnsucht nach den Bergen und zeigte mir, wo in etwa meine Heimat ist.

Für Inge, Michael und Thomas

Vielen Dank an Eva,
die mich unterstützt und motiviert hat,
dieses Buch zu schreiben.

Bedanken möchte ich mich zudem:

– bei Bernhard Edlmann, der als freier Lektor arbeitet und mich einen großen Teil durch das Manuskript begleitet hat;

– bei Barbara Krimbacher, auf die ich mich verlassen konnte, wie das Cover auszusehen hat;

– bei Helmar Schmedding, der ohne zu murren als mein Korrektor fungierte.

Liebe Renate,
schön dass Du zu
meinem Freundes-
kreis zählst!
Max

Inhalt

Der Weg!

Es ist ein Pilgern durch die Zeit,
und Du bestimmst die Richtung.
Die Hoffnung gibt Dir das Geleit
durch Dunkelheit und Lichtung.
Mal schwer im Schritt, mal federleicht
erwanderst Du Geschichten.
Ist dieser Weg das Ziel? Vielleicht.
Die Zukunft wird es richten.
Strebst Du mit Weltenmut voran,
liegt's doch in Deinen Händen.
Geh unbeirrt und denk nicht dran,
Dich hadernd umzuwenden.

Jörg Ulrich Helgert (JUH)

Vorwort des Verfassers

Liebe Leserinnen, liebe Leser,

dieses Buch ist keine Anleitung für das Leben. Aber es sind Geschichten aus meinem Leben, die auch anleiten können. Leider – nein, gottlob! – verlief es oft in Bahnen, die nicht der Norm entsprachen.

„Verrücktes Leben" – von Anfang an war mir klar, dass der Titel so heißen musste. Immerhin kam ich 1942 schon in einer „Bombenstimmung" zur Welt.

Meine ersten bewussten Erinnerungen stammen aber aus der Zeit, als der Krieg vorbei war und ich die ganze Härte der Umstände zu spüren bekam. Die Umstände, das waren in diesem Fall ein versoffener und brutal aggressiver Vater, eine hilflose Mutter und die Aktionen der zuständigen Vormundschaftsbehörde.

Ich wurde „verdingt", wie man es damals nannte, und wurde zu einer „Pflegefamilie" ins tiefste Emmental als billiger Knecht verschachert, ich wurde geschlagen und gedemütigt. Mit seelischen Wunden, aber auch gestählt, trat ich ins Erwachsenenalter ein und musste mich zurechtfinden.

Lernen, so hieß ab nun an die Devise. Lernen, was mir in meiner Jugendzeit vorenthalten worden war, und ich als Schüler nicht lernen durfte.

Ein Buch wollte ich schreiben, das mein bisheriges Leben reflektieren sollte. So sammelte ich fleißig Geschichten aus meiner Vergangenheit – und nach zwei Jahren hatte ich so viel Stoff beisammen, dass ich merkte: Das reicht ohne Weiteres für mehrere Bücher.

So will ich hier nur über meine langen Jahre in der Schweiz erzählen. Mit den Erlebnissen während meiner zwölf Jahre in Ungarn und meiner zweiten Auswanderung nach Deutschland, genauer in den bayerischen Chiemgau, will ich mich später in zwei weiteren Bänden beschäftigen.

Die Idee, ein Buch zu schreiben, kommt nicht so über Nacht. Bei mir begann alles, als ich eine Anzeige der „Jungfrauzeitung“ aus Thun im Berner Oberland las. Man suchte Leute, die die Schweiz verlassen hatten und ausgewandert waren. Ich meldete mich mit einem kleinen Lebenslauf – und die Redaktion war tatsächlich neugierig auf meine Lebensgeschichte. Im Herbst 2017 wurde ich zu einem Interview nach Thun eingeladen. Ich benutzte die Gelegenheit, um dabei auch gleich meine Familie zu besuchen, mit der ich nach wie vor ein sehr gutes Verhältnis pflegte. Meine Frau Inge, von der ich mich erst nach zehn Jahren Trennung scheiden ließ, ist meine beste Freundin geworden.

Kurze Zeit später war meine Story in der Zeitung. Ich durfte zum ersten Mal meine eigene Lebensgeschichte in Kurzfassung lesen.

Ich hätte nie geglaubt, was für Wirkungen das bei mir auslösen würde: Es „lupfte mich aus den Socken“. Meine Gefühle spielten verrückt, mir wurde fast schwindelig und meine Knie zitterten. Was genau und vor allem warum es mich derart erschütterte, konnte ich anfangs gar nicht begreifen. Ich denke, es lag daran, dass ich jetzt begann, meine seit vielen Jahren verdrängte Kindheit in Gondiswil zu verarbeiten. Kaum jemand aus meinem Umfeld wusste von meiner Vergangenheit als Verdingbub

Besonders schlimm war es, als ich bald darauf mit meinen besten Freunden zusammen saß und jemand den Zeitungsbericht vorlas. Ich musste das Zimmer verlassen, um mich draußen buchstäblich auszuweinen und zu beruhigen. Ein Spaziergang mit meinem Hund half mir, meinen Kopf durchzulüften.

Anscheinend war das die richtige Therapie! Denn nach dieser Szene war ich so weit, dass ich über den Dingen stand und darüber reden konnte, ohne in eine Depression zu verfallen.

Und vor allem konnte ich darüber schreiben.

Schon während des Interviews waren mir viele weitere Erinnerungen in den Sinn gekommen, die ich ebenfalls gerne erzählt hätte, aber aus Platz- und Zeitgründen – es gab strenge Vorgaben – musste ich mich auf das Wesentliche beschränken.

So fing ich an, kleine Episoden aufzuschreiben. Auf einmal sprudelten die Geschichten fast von alleine von der Hand aufs Papier – und auf diese Weise entstand dieses Buch.

* * *

Zuerst einmal möchte ich an dieser Stelle einigen Leuten danken für ihre Initiative und Verbundenheit mit den Verdingkindern:

> Dem Initianten Herrn **Guido Fluri**, der 2014 eine »**Wiedergutmachungsinitiative**« lancierte und unermüdlich vorantrieb, die mit einem Gegenvorschlag vom Parlament am 1. April 2017 in Kraft trat.
>
> Der Frau Regierungsrätin **Christine Häsler**, die sich mit Herzblut und großem Engagement für die Belange der Verdingkinder einsetzte.
>
> Dem Herrn **Robert Blaser** der den »**Verein Fremdplatziert**« als Selbstbetroffener gründete und unermüdlich dafür kämpfte, dass sein Anliegen nicht in irgendeiner Beamtenschublade verstaubte und vergessen ging.

Am Anfang war ein Interview

Interview mit Frau Nora Devenish von der „Jungfrauzeitung" in Thun 2017.

Foto: Ueli von Allmen

Eine Geschichte, wie sie das Leben schreibt

Von Nora Devenisch („Jungfrauzeitung")

Durch eine zufällige Begegnung eröffnete sich mir ein Stück Schweizer Geschichte. Während mehrerer Stunden erzählte mir der ehemalige Verdingbub Max Rubin aus seinem schicksalhaften Leben, welches ihn bereits in jungen Jahren aus Interlaken auf einen Hof im Emmental, später über verschiedene Restaurantküchen bis hin zur Selbstständigkeit nach Thun und schließlich als Auswanderer von Ungarn nach Deutschland führte. Wie wertvoll doch ein Gespräch unter Fremden sein kann.

Max Rubins Geschichte zeugt von Überlebenswillen und Mut zum Glück. Rubins Erfahrungen und die Erzählungen aller Verdingkinder gehören auf Papier! Rubins Lebenslauf niederzuschreiben, war eine erfüllende Aufgabe, die mich noch heute mit großer Genugtuung und Demut umgibt und Lust nach neuen bereichernden Begegnungen im Jahr 2018 macht.

Der Verdingbub, der sein Glück gefunden hat

Max Rubin schwebte nie etwas anderes vor, als mit sich ins Reine zu kommen. Es sollte ihm gelingen. Eine berührende Lebensgeschichte.

von Nora Devenish

1942. Max wird als jüngstes von vier Kindern der Familie Rubin an der Marktgasse in Interlaken geboren. Der Vater Hausierer und Schwerstalkoholiker, die Mutter Fabrikarbeiterin. Seine frühe Kindheit verbringt der Junge oft auf sich allein gestellt. Beim Früchte- und Gemüsehändler Jametti stillt er sich den Hunger, pflückt ab und zu ein Sträußchen Blumen zum Verschenken und hofft auf das Wohlwollen der Leute, vielleicht ein Scheibchen Wurst vom Metzger oder ein Stückchen Käse aus der Molki. Immer öfter wird der Vater ausfällig, bedroht und tyrannisiert die Familie. Die Mutter braucht den Kleinen als Schutzschild. Nützen tut dies nur selten

> ❞ *Schon früh entwickelte ich ein System, mit dem Erfahrenen umzugehen. Beschimpfungen und Verletzungen erlebte ich wie in einem Tunnel, von dem ich wusste, dass er irgendwo ein Ende nimmt.* ❝
>
> Max Rubin

2017. Max Rubin erzählt seine Lebensgeschichte. «Zwei Stunden? Ich weiß nicht, ob dies reicht ...» Ich ahne Schmerz und Hass. Doch Rubins Augen sprechen eine andere Sprache. Hier sitzt ein Mann, der mit sich im Reinen ist. Ich unterbreche nicht, lasse ihn reden.

Das Verdingkind

1948. Die Mutter bringt den kleinen Max auf einen Bauernhof nach Hüswil ins Emmental. Freiwillig. «Da war ein brutaler Knecht. Ich hatte Angst, musste jedoch mit anpacken, obwohl ich doch erst sechsjährig war.» Die Schule besucht Max in Hüswil nie. Eingeschult wird er erst ein Jahr später in Interlaken. Eines Tages schaltet sich die Armenbehörde ein. «Wir wurden alle vier zu Hause abgeholt, in ein Auto verladen und nach Gondiswil gebracht.» Obwohl die Geschwister im selben Dorf untergebracht sind, wird ihnen jeglicher Kontakt zueinander untersagt. Max landet auf einem Bauernhof, ohne Familienanschluss. «Die Stube durfte ich nicht betreten. Wenn

Der gebürtige Interlakner Max Rubin (75) verbrachte seine Kindheit als Verdingbub im Emmental. Schon früh hegte er den Wunsch auszuwandern. Realisieren sollte er ihn erst mit 64 Jahren. Foto: Ueli von Allmen

es kalt war, suchte ich die Wärme im Stall.» Der achtjährige Max wird zum Knecht, wächst ohne Liebe, Zuneigung und Erziehung auf. Körperliche und seelische Misshandlungen sind an der Tagesordnung. Wenn er nicht pariert, folgt Zimmerarrest. Hie und da meldet sich die Armenbehörde zu Besuch. Dann wird aufgetischt und bewirtet. Max kriegt nichts ab.

Von seiner Kammer im Emmental aus fällt Max' Blick auf Eiger, Mönch und Jungfrau. «Das Dreigestirn gab mir Hoffnung. Ich wusste, irgendeinmal ist dies vorbei. Wenn es so weit sein sollte, wusste ich, in welche Richtung ich gehen musste.» Fluchtgedanken sind immer da. Siebeneinhalb Jahre sollte es dauern, bis sich in Max Rubins Leben ein winziger Lichtblick zeigt. «Beim Metzger im Nachbarsdorf trat ich die Lehre an.» Am Ende jeden Monats unterschreibt Rubin ein Lohnblatt, doch die Bezahlung bleibt aus. «Nach dem Lehrabschluss zog ich meinen Schurz langsam ab, legte ihn hin und verabschiedete mich.» Max Rubin verlässt das Emmental als diplomierter Metzger.

Die Flegeljahre

Im Sommer arbeitet er im ehemaligen Hotel Spiezerhof, im Winter im Sporthotel in Saanenmöser in der Küche. Max Rubin macht eine Ausbildung zum Koch. «Mein Traumberuf.» In der Zwischensaison besucht er im Hotel Savoy in Interlaken den Unterricht. Im Kellergeschoss des Hotels richtet er für die Interlakner Band «The Jetmen» ein Probelokal ein. Am Schlagzeug sitzt Polo Hofer, Rubins ehemaliger Nachbarsjunge aus der Marktgasse. Max reist Polo Hofer hinterher und besucht regelmäßig dessen Gigs, übernimmt ab und zu den Getränkeverkauf an der Konzertbar. «Ich war Polos erster Fan.» Eine enge Freundschaft entwickelt sich nicht. Anders zu Hanery Ammans Vater. Mit ihm jasst Max im Restaurant Adler stundenlang. «Damals gehörte Interlaken im Winter noch den Einheimischen.»

Der Geschäftsmann, Familienvater und Schachspieler

Ende der 60er-Jahre übernimmt Max Rubin im Hotel Gotthard beim Westbahnhof in Interlaken die Stelle als Küchenchef. «Ich war ehrgeizig, ein zuverlässiger und guter Arbeiter.» Rubin verliebt sich in ein «Meitli vo Bönige», heiratet 1970, wird Vater von zwei Söhnen. Die junge Familie zieht berufsbedingt nach Bern und lässt sich sieben Jahre später in Thun nieder.

In seiner Freizeit widmet sich Rubin vermehrt dem Schachspiel. «Auf einmal sah ich alles nur noch in Form von Schachfiguren und Schachbrettern. Das Leben war schwarz und weiß.» Schachturniere im In- und Ausland absorbieren seine Freizeit. Er liebt die Atmosphäre. «Es gab nichts anderes mehr.» Max Rubin wird schachsüchtig.

Schließlich macht sich Rubin selbstständig, übernimmt in Thun das Restaurant Hirsbrunner. «Es folgten schöne Jahre. Ich war mein Herr und Meister und durfte meine Kreativität ausleben.» Rubin übernimmt zudem die Restauration in der Thuner Curlinghalle und später im Tennisclub beim Strandbad. «Ich war mit der Arbeit verheiratet.» Zwischendurch reist er immer wieder nach Ungarn, ist fasziniert von der fremden Kulinarik. Dort verliebt sich Max zum zweiten Mal.

Foto: Ueli von Allmen

Der Auswanderer

Nach dreissig Jahren bricht Max Rubins Ehe auseinander. Das Ehepaar trennt sich im

Guten. «Wir haben viel und intensiv miteinander gesprochen.» Die Winter verbringt Max Rubin in Ungarn. Bis zur Pensionierung mit 64 Jahren arbeitet er die Sommer über in Thun im Tennisclub. Wieder kommen Fluchtgedanken auf. «Das Verlangen auszuwandern, hegte ich schon früh. Nach sechzig wurde dieser Wunsch immer konkreter.» Nichts hält Max zurück, obwohl er eigentlich glücklich ist im Berner Oberland.

> ❞ *Mit 50 verspürte ich das Verlangen, nach Gondiswil zurückzukehren. Ich wollte dem Bauern zeigen, was aus mir geworden ist. Ich klopfte an, die Tür öffnete sich, sein Hund schmiegte sich an mich und liess mich nicht mehr los. Wir beide sollten gute Freunde werden und verbrachten noch manch langen Spaziergang miteinander.* Max Rubin ❝

Systematisch baut Max Rubin sämtliche Beziehungen in seinem Umfeld ab, in der Hoffnung, dass ihm eines Tages so der Abschied leichter fällt. «Ich redete mir sogar ein, dass ich die Berge nicht mehr mochte.» Der Plan geht auf. Im November 2006 verabschiedet sich Max und reist mit Hab und Gut nach Ungarn. «Ich wusste, dass ich dem Berner Oberland endgültig Adieu sage, nickte während der Fahrt Stockhorn, Eiger, Mönch und Jungfrau ein letztes Mal zu und war weg. Ohne Wehmut.» Max Rubin baut sich in Ungarn ein privates Umfeld auf, findet zurück zum Schachspiel, leidenschaftlich, ohne Sucht. In Eger wird er dreimal Stadtmeister. An seiner Entscheidung auszuwandern zweifelt er keine einzige Sekunde. «Ungarn war eine fantastische Zeit.»
Heute lebt Max Rubin im Chiemgau in Bayern. Er sollte sich noch ein drittes Mal verlieben, durch ein Schachforum, in eine Künstlerin. «Wenn ich mich heute in meinem privaten Umfeld umblicke und umhöre, bin ich erstaunt, wie glücklich ich bin.»

2017. Thun. Max Rubin erzählt seine Lebensgeschichte. Gestern traf er sich mit seiner Familie zum Racletteplausch. Über die dunklen Zeiten wird nicht mehr gesprochen. Man blickt in die Zukunft, plant gegenseitige Besuche.

Den hier zitierten Artikel finden Sie im Internet:
Artikel Nr. 159854 vom 23.11.2017 – Autor/in: Nora Devenish
https://www.jungfrauzeitung.ch/artikel/159854/

Das Bild zeigt mich auf dem Arm meiner Mutter. Links meine Schwester Ruth. Wo dieses Bild aus dem Sommer 1943 aufgenommen wurde, bleibt mir ein Rätsel.

Ich schätze, das Bild stammt aus dem Spätsommer 1943. Ganz sicher wurde es am Rande der „Höhenmatte" in Interlaken aufgenommen. Links ist Ruth, in der Mitte meine Mutter Cecile Savary und ich, rechts im Bild meine Schwester Vreni.

Fotos: M. Rubin

Hungrig, aber frei – Meine frühe Kindheit

Am 28. Oktober 1942 wurde ich im Spital Unterseen im Verwaltungskreis Interlaken geboren. Ein unbarmherziger Krieg tobte in ganz Europa. Ich bekam von alldem natürlich nichts mit. Wie jedem anderen Kind, so waren auch mir damals kuschelige Wärme, ein sauberer Hintern und genügend Futter wesentlich wichtiger.

Dass ich das erste Jahr überlebt habe, verdanke ich einem unbekannten Retter. In Abwesenheit meiner Mutter sollten meine Geschwister auf mich aufpassen. Die hatten jedoch alles Mögliche im Sinn, nur nicht, sich um ihren kleinen Bruder zu kümmern. Viel lieber spielten sie mit anderen Kindern an der Aare. So fiel ihnen nicht auf, dass ich aus dem Kinderwagen kraxelte. Plumps, fiel ich in den reißenden Fluss. Wie mir später erzählt wurde, konnte mich ein Mann etwas weiter unten aus dem Wasser fischen. Wahrlich nicht zu früh, denn ein Stück weiter kommt eine Schleusenanlage, und die hätte ich mit Sicherheit nicht lebend passiert.

Patschnass wurde ich nach Hause gekarrt, wo meine Geschwister der Mutter erzählten, böse Jungs hätten mich bei einem Brunnen abgespritzt. Interlaken war zu dieser Zeit aber noch zu klein, als dass meine Mutter die Wahrheit nicht auf anderen Wegen erfahren hätte.

Als drei- oder vierjähriger Knirps war ich bereits recht selbständig und brauchte keine Aufpasser mehr.

Zu Hause war das Essen knapp. Die Mutter mühte sich zwar redlich, Geld ins Haus zu bringen, und war fast ständig irgendwo am Arbeiten. Doch Vater widmete sich lieber dem Alkohol oder schlief wahlweise seinen Rausch vom Vortag aus. Falls er gerade einmal keines von beidem tat,

Dieses Bild muss im Sommer 1944 entstanden sein und zeigt mich vor dem „Hotel Belle-Vue" in der Marktgasse Interlaken. Da zu dieser Zeit die Grenzen rund um die Schweiz geschlossen waren und es keinen Tourismus gab, waren die Hotels von Militäreinheiten konfisziert und zu Truppenunterkünften umfunktioniert. Foto: M. Rubin

fuhr er mit dem Fahrrad und einem Köfferchen als Hausierer ins nächste Dorf und bot dort seine Waren an. Häufig musste ich ihn dabei begleiten, und das hatte einen einfachen Grund: Er brauchte mich, um bei den Leuten Mitleid zu erregen. Seine Worte waren ein ums andere Mal: „Bitte kaufen Sie mir was ab, denn der Junge hat Hunger und braucht was zu essen." Das stimmte auch – teilweise. Natürlich hatte ich Hunger. Aber noch viel mehr hatte der Alte Durst und setzte das wenige Geld, das er verdiente, in der nächsten Kneipe in Bier um.

Diese Touren mit dem Vater waren für mich jedes Mal ein Horror. Mit dem Rücken zu ihm saß ich auf einem Köfferchen, das mit einer Schnur auf dem Gepäckträger des Fahrrades festgebunden war. Dabei rutschte ich ständig hin und her und konnte mich nirgends festhalten. Bergab und in Kurven machte ich des öfteren einen Abflug in den Straßengraben. Es kam vor, dass Vater beim nächsten Haus den erstbesten Menschen darum bitten musste, meine zerschundenen Hände und Knie notdürftig zu verarzten.

Diese Hausierertouren sind nicht meine einzigen unguten Erinnerungen aus den ersten Lebensjahren. Ich werde auch nie die beängstigenden Eskapaden meines Erzeugers vergessen, wenn er des Nachts nach Hause kam und uns alle – aber insbesondere seine Frau – tyrannisierte und damit drohte, uns umzubringen. Oder wenn mich abends meine Mutter in seine Stammkneipe schickte, wo er sich wieder volllaufen ließ und ich ihn nach Hause locken sollte. Je nach Pegelstand gab es zwei Möglichkeiten, entweder er nahm mich auf seinen Schoß und plagierte in der Kneipe, was er für einen tollen Jungen habe, oder er schrie rum und schickte mich mit Schimpf und Schande wieder weg, begleitet mit einigen Schimpfwörtern, die ich meiner Mutter ausrichten solle. Nach Hause kam er immer erst, wenn er entweder kein Geld mehr hatte oder besoffen war.

Doch ansonsten hatte ich ein wirklich tolles Leben! Die Freiheit bedeutete mir alles, und ich genoss sie in vollen Zügen. Bald schon kannte ich mich in ganz Interlaken bestens aus. Vom West- bis zum Ostbahnhof, vom Schwimmbad bis zum Rugen, wo man früher Schlitten und Skifahren konnte und vom Brienzer- bis zum Thunersee war mir durch das tägliche Herumstreunen bald jeder Winkel vertraut.

In einem Steinhaufen hinter unserem Haus fand ich ungelöschte Kalksteine, mit denen man allerlei Unfug anstellen konnte. Wenn man sie in einen Brunnen oder einen Kübel mit Wasser warf, fing das Wasser an zu kochen und der Kalk löste sich auf, dazu stank es nach faulen Eiern. Im Zentrum von Interlaken war ein kleiner Weiher, in dem fette Forellen schwammen und verschiedenartige Enten ihr Zuhause hatten. Wenn gerade recht viele Leute um den Wei-

Das Bild entstand in der Marktgasse. In dem Haus im Hintergrund wohnte die Familie Michel. Michel-Kurt war ein Schulfreund von mir, und ab und zu wurde ich zu ihm eingeladen und durfte mit ihm spielen. Was ich aber nicht verstand: Warum musste ich, wenn ich das Haus betrat, meine Schuhe ausziehen? Rechts vorne war ein Steinhaufen, in dem ich ungelöschten Kalk gefunden und mir dabei auch mal die Finger verbrannt hatte. Foto: M. Rubin

her saßen, warf ich in einem unbeobachteten Moment so einen Klumpen ins Wasser. Es war immer ein Vergnügen zu sehen, wie hysterisch die Menschen reagierten, weil niemandem klar war, was da gerade passierte.

Von morgens bis abends war ich unterwegs. Des Öfteren schloss ich mich einer Interlakener Kinderbande an. Wir versuchten die Stettler zu provozieren, um sie verprügeln zu können. Die „Stettler" waren die Kinder aus Unterseen, und sie hießen deswegen so, weil Unterseen das Stadtrecht hatte und das größere Interlaken nicht. Leider zeigte sich kaum je einer von den Feinden, so plünderten wir ihr Waffenlager beim Harder und gingen anschließend an das Aareufer spielen. Zum Schluss kam noch das Steinewerfen auf die „Blümlisalp". Das war ein altes Raddampfschiff, das halb versunken mitten im Fluss lag. Wenn einer von uns sogar ein Fenster traf und das Glas klirrte, wurde der Werfer als Held gefeiert.

Links hinter unserem Haus war eine große Wiese. Sie war voll mit Heunelken, und solange dort nicht gemäht wurde, konnte ich sie abpflücken. Mit dem Strauß Blumen marschierte ich immer zuerst in den Milchladen links neben dem Hotel „Zum goldenen Anker". Wenn sie dort die Blumen annahmen, gab es einen Riegel Schokolade.

Es kam aber auch vor, dass die Konkurrenz schneller gewesen war als ich und der Milchladen bereits eher wie ein Blumenladen aussah. Denn ich war beileibe nicht der Einzige mit dieser „Verkaufsstrategie". In diesem Fall ging ich weiter zum Metzger. Wenn der auch ablehnte, kam noch der Früchte- und Gemüsehändler Jametti in Frage. Den belästigte ich ohnehin jeden Tag mit der Frage: „Haben Sie etwas Angestecktes?" Damit meinte ich angefaulte Früchte, und meine Augen wanderten von Kiste zu Kiste, um der Marktfrau behilflich zu sein bei der Suche. Wenn ihnen diese Bettelei auf die Nerven ging, wurde ich mit Schimpf und Schande weggejagt. Das beeindruckte mich allerdings nicht sonderlich, und einen Tag später stand ich wieder vor ihnen. Zudem wusste ich, wo Jamettis großes Lager war, und dort wurde ich fast immer fündig beim Durchsuchen der Holzkisten, in denen die Früchte angeliefert wurden.

Notfalls gab es auch noch zwei Bäckereien und eine Konditorei, wo ich die Möglichkeit hatte, meine Blumen zu „verkaufen".

In der kalten Jahreszeit war ich tagelang beim „Matratzenmann", wo es immer schön warm und unterhaltsam war. Es handelte sich um eine Ein-Mann-Firma, die alte und durchgelegene Rosshaarmatratzen wieder auf Vordermann brachte. Dazu wurde das Rosshaar durch eine Wippe, gespickt mit scharfen Zähnen, gepresst und kam auf der anderen Seite aufgelockert wieder zum Vorschein. Gegen kleinere Dienstleistungen durfte ich ab und zu an den Brotzeiten des Matratzenmannes teilhaben. Auf diese Weise kam ich mit dem Wenigen, was es zu Hause zu essen gab, über die Runden.

Eines Tages, ich muss so um die vier Jahre alt gewesen sein, hinderte mich meine Mutter daran, meinen Freiheitsdrang wie üblich auszuleben. Sie steckte mich in ein Matrosenkostüm, und ich musste an ihrer Hand Richtung Spital laufen. Etwas Eigenartiges schien passiert zu sein. Da waren viele Leute, von denen ich die meisten nicht kannte. Fast alle seien Tanten und Onkel, wurde mir gesagt. Die seien gekommen, weil meine Großmutter väterlicherseits gestorben sei.

Ich kann mich heute nicht mehr an meine Großmutter erinnern, ich habe sie wissentlich sicher nie gesehen. Ich weiß nur das über sie, was mir meine Mutter später erzählt hat. Diese Frau hat 26 Kinder zur Welt gebracht! Zwei haben die ersten Tage nicht überlebt, bleiben vierundzwanzig, die sie aufgezogen hat. Das erklärt, warum Tanten und Onkel in so reichem Maß vorhanden waren.

Wenn die Großmutter am Sonntagnachmittag mit ihrer Kinderschar spazieren ging, so erzählte man, und wenn sie unterwegs mal pinkeln musste, konnte sie sich, in Ermangelung von Unterhosen, breitbeinig hinstellen und es einfach laufen lassen.

Vom Großvater weiß ich nichts, außer dass er ein Lieblingslied gehabt haben soll: „Alle Jahre machen wir ein Kind" – oder so ähnlich.

Nun also war diese Großmutter gestorben.

Damals konnte ich mir unter „gestorben" noch nichts vorstellen. Ich wusste, was es bedeutete, wenn eine Fliege tot war, oder eine Maus, die war dann „mausetot". Aber dass Menschen auch sterben oder tot sein konnten, das überstieg meine Vorstellungskraft.

An ein paar Dinge, die sich an diesem Tag abspielten, kann ich mich noch genau erinnern. Als Erstes wurde lange diskutiert, ob sie mich mitnehmen sollten oder nicht, wegen meiner unpassenden Kleidung. Anscheinend stimmte die Mehrheit für mich, und so durfte ich mich beim Krankenhaus mit den anderen auf dem Vorplatz einreihen.

Das Ganze war für mich sterbenslangweilig, weil einfach nichts passierte. Die Leute ließen alle die Köpfe hängen, gingen mit Blumen in einen Raum und kamen weinend und ohne Blumen wieder raus. Was mir auffiel: Niemand hatte Heunelken in der Hand.

Endlich tat sich doch etwas. Eine Frau war umgekippt und lag reglos auf dem Boden. Meine kindliche Fantasie begann auf Hochtouren zu arbeiten: Aha, war die jetzt „gestorben", wie man mir das vorhin zu erklären versucht hatte? Schnell waren zwei Männer zur Stelle, ein dritter rannte mit einem Stuhl daher, und gemeinsam hievten sie die Dame auf den Stuhl. Die Frau bewegte sich wieder und sprach mit irgendjemandem. Eigenartig, dachte ich, sie ist anscheinend doch noch nicht gestorben. Wie lange es wohl noch dauern würde, bis es so weit wäre?

Komischerweise kam noch eine Frau mit einem Wasserbecken und wusch der bald Sterbenden den Kopf. Warum die noch gewaschen wurde, wenn sie doch bald mausetot wäre, konnte ich nicht verstehen.

Solche Gedanken beschäftigten damals mein kindliches Hirn. Davon, was sich sonst noch abspielte, weiß ich nichts mehr.

Meine Eltern

Jeder Mensch hat einen Vater, oder wie ich, zumindest einen Erzeuger. Ein paar Jahre meiner frühen Kindheit habe ich vielleicht einen Vater gehabt. Danach kannte ich keinen mehr.

So im Alter von vier Jahren, als ich die Welt und die Menschen langsam zu verstehen lernte, war mein „Vater" für mich nur noch ein Gräuel. Sein Hirn war schon zerfressen vom Alkohol, alle kannten seine Arbeitsscheu, und ich bekam regelmäßig seine ganze Brutalität zu spüren. Einen Tyrannen, der seine Frau prügelt, sie mitsamt uns Kindern zu ermorden droht, so jemanden kann man nicht mehr Vater nennen.

Meine Mutter benutzte mich oft als Schutzschild, wenn der Alte stockbesoffen nachts nach Hause kam. Vorsorglich hatte sie in so einem Fall schon vorher alle Küchenmesser versteckt. Weder die verbalen Attacken noch die Faustschläge blieben aber deswegen aus. Wenn sie dann mich, den Kleinsten, als Schutz vor ihre Brust zu halten anfing, machte ihn das nur noch wütender.

Mehr als einmal rief irgendjemand aus der Nachbarschaft wegen des Lärms und des Geschreis die Polizei. Der Spott der Frau Schmocker, einer Barrierewärterin von nebenan, die immer alles wusste, war mir am nächsten Tag stets sicher.

Mit acht Jahren wurde ich „fremdplatziert“, wie man so schön sagte. Als Verdingbub zu einem Bauern ins tiefste Emmental. Nun hatte ich gar nichts mehr. Keinen Vater, keine Mutter und, was am schlimmsten war, keine Freiheit und keine Berge.

Weil meine Eltern es „vergessen“ hatten, mich zu taufen, wurde ich zwangsgetauft – gegen meinen Willen, denn ich sträubte mich dagegen.

Ich werde das blöde Grinsen gewisser Leute in der Kirche und das Gespött in der Schule nie vergessen. Sehr gut erinnere ich mich noch daran, dass jemand sagte: „Wer soll den jetzt auf den Arm nehmen zum Taufen?“

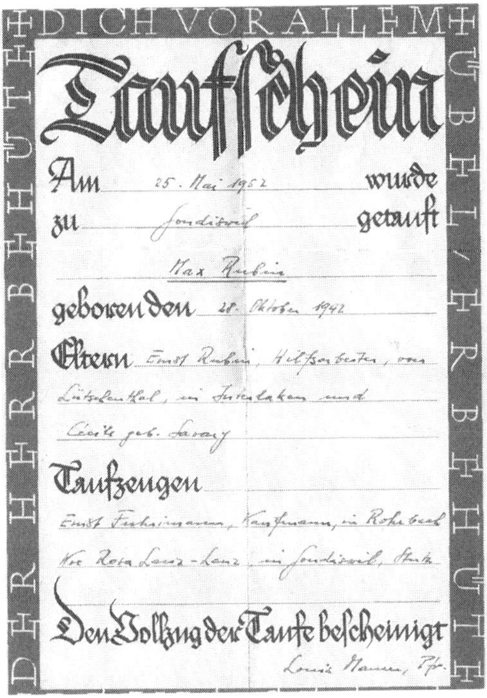
Taufschein

Am 25. Mai 1952 wurde zu Gondiswil getauft

Max Rubin

geboren den 28. Oktober 1942

Eltern Ernst Rubin, Hilfsarbeiter, von …

Cécile geb. …

Taufzeugen

Ernst Fuhrimann, Kaufmann, in Rohrbach

… Rosa Lanz-Lanz, in Gondiswil, …

Den Vollzug der Taufe bescheinigt

Im Alter von bald zehn Jahren wurde ich in einem Aufwasch mit einem anderen Kind zusammen in der Kirche zu Gondiswil getauft. Bild: M. Rubin

Meinen Erzeuger sah ich ein Jahr später bei einem Kurzurlaub in Interlaken auf der Straße wieder und begrüßte ihn mit „Hallo, Papi!".

Er schaute mich lange an und fragte: „Wer bist du?" Damit hatte er sich für mich als Vater für alle Ewigkeiten verabschiedet.

Einmal noch sollten sich unsere Wege kreuzen. Ich war so um die zwanzig Jahre. Er war alt geworden, der Alkohol hatte seine Leber zerfressen, sein Gesicht war leichenblass. Ich blieb stehen und sprach ihn an: „Hallo Rubin, was machst, und wo treibst dich rum?" Er sah mich erschrocken an und fragte, woher ich ihn kenne. „Ich kenne dich, und von wo, tut nichts zur Sache."

„Wer sind Sie und woher kennen Sie meinen Namen? Sicher sind Sie von der Polizei!"

Es war ihm peinlich, dass ihn jemand mit seinem Namen ansprach. Ich ließ ihn im Glauben, dass ich ein Polizist sei, und machte keinen Versuch, ihm seine Unsicherheit zu nehmen. Im Gegenteil, ich nutzte die Gelegenheit zu einer Ermahnung, indem ich in strengem Ton sagte: „Also, Rubin, du gehst jetzt rasch zurück in dein Heim und hörst für heute mit der Sauferei auf!"

Eines Tages erhielt ich die Nachricht, dass mein Erzeuger gestorben sei, doch es berührte mich nicht im Geringsten.

Bei meiner Mutter war es nicht viel anders. Ich kam von einer Skitour zurück und wollte sie im Spital besuchen. Das Zimmer war leer, und eine Krankenschwester bat mich, einen Moment zu warten. Sie kam mit einem Arzt zurück, der mir schonend beizubringen versuchte, dass meine Mutter heute gestorben sei.

Mit ausdruckslosem Gesicht und wortlos stand ich da. Keine Träne, kein Erschrecken. Eigentlich schämte ich mich in diesem Augenblick nur wegen meiner vollen Skiausrüstung am Todestag meiner Mutter.

Aus meiner Welt herausgerissen – der erste Dienst beim Bauern

Nach dem Krieg, etwa ab 1946, bevölkerten amerikanische Soldaten Interlaken. Wie war das möglich? Die Schweiz hatte mit den USA eine besondere Abmachung getroffen, wonach US-Soldaten, die in Deutschland stationiert waren, in Interlaken Urlaub machen durften – in Ermangelung von Zivilkleidung auch in Uniform. Der Zweck der Vereinbarung war, die Hotellerie im Berner Oberland wieder in Schwung zu bringen.

Ich als Dreikäsehoch lernte schnell, wie man bei den Amis zu Kaugummi kam. Ich stellte mich ihnen in den Weg und sprach sie an: „Juu häf Schewinggumm?" Leider verstanden die meisten mein kindliches Englisch nicht. In so einem Fall gab ich dem Soldaten durch Gesten zu verstehen, dass er mich hochheben solle. Kaum saß ich auf seinen Armen, inspizierte ich seine Brusttaschen nach Kaugummi. Wurde ich fündig, stibitzte ich schnell ein Blättchen und war wieder für einen Nachmittag eingedeckt.

Abends gab es zwei Möglichkeiten, wie ich mit dem Gummi umgehen konnte. Entweder ich steckte ihn in die Zuckerdose zum Auffrischen – mit dem Risiko, dass er am nächsten Tag geklaut war –, oder ich behielt ihn zum Schlafen im Mund. Da konnte es vorkommen, dass er mir im Schlaf raus fiel und ich mich verklebte. Dann musste am nächsten Morgen eine meiner Schwestern meine Locken mit einer Schere vom Kissen schneiden.

Kurz bevor ich in Interlaken eingeschult werden sollte, machte meine Mutter mit mir einen Ausflug nach Hüswil zu einem Bauern, den sie von früher her kannte. Hüswil ist ein kleines Nest im Kanton Luzern, an der Grenze zum Kanton Bern.

Ich verstand nicht, was meine Mutter vorhatte, als sie am nächsten Tag abreiste und mich zurückließ. Der Bauer tröstete mich: Ich würde jetzt für einige Zeit bei ihm bleiben, später dürfte ich dann auch zur Schule gehen.

Das war allerdings ein schlechter oder vielmehr gar kein Trost für mich. Im Gegenteil. Ich wurde aus meiner gewohnten und geliebten Umgebung herausgerissen, aus all meinen Gewohnheiten, weg von meinen Freunden.

Auf dem Hof hatte der Knecht das Sagen. Er tyrannisierte alle, den Bauern eingeschlossen. Schon nach wenigen Tagen in Hüswil habe ich miterlebt, wie er ihn packte, ihn in den Schwitzkasten nahm und dem armen Mann die Hose herunterzog. Es machte ihm großen Spaß, auf diese Weise der Magd und mir seine Stärke zu demonstrieren. Niemand konnte sich gegen seine Grobheit wehren. Die Magd und die Tiere bekamen sie tagtäglich zu spüren, und nun hatte er noch ein weiteres wehrloses Opfer gefunden, in Gestalt eines kleinen Jungen.

Mach das, mach dies, kommandierte er mich ständig herum, in der Gewissheit, dass ich mich nicht getrauen würde, ihm zu widersprechen. Ich hatte Angst vor ihm, und ging ihm deswegen aus dem Weg, wo ich nur konnte, versteckte mich rund um den Hof und gab auf sein Rufen meist keine Antwort.

Oft musste ich zusehen, wie er den Bauern verprügelte oder die Magd beschimpfte. Wobei ich mit der Magd kein großes Mitleid hatte. Der Hauptgrund war, dass ihre Kochkünste einige Mängel aufwiesen. Einer der kulinarischen Tiefpunkte in Hüswil war die Bohnensuppe. Es gab sie einmal pro Woche. Die Bohnen wurden in einem alten Schrank aufbewahrt und waren voller Käferchen und Würmchen, die dann oben auf der Suppe schwammen und die man mit dem Löffel abschöpfen musste. Oder man hat sie einfach mitgegessen. Den modrigen Geruch habe ich heute noch in der Nase. Mit so etwas hatte sogar mein abgehärteter Magen seine Probleme.

Gehasst habe ich auch die sonntäglichen Ausflüge mit Kutsche und Pferd. Denn das hieß stundenlang neben dem Knecht auf dem Kutschbock still sitzen. Mir war es dabei entweder zu heiß oder zu kalt oder zu regnerisch oder ganz einfach zu langweilig.

Das Heimweh plagte mich so sehr, dass ich oft weinte und nach Hause wollte. Nach einigen Wochen – oder waren es Monate? – hatte der Bauer ein Einsehen, und ich wurde in einen Zug Richtung Interlaken gesetzt. Ich hatte einen Zettel um den Hals, auf dem stand, wohin meine Reise gehen sollte. Eine Fahrkarte hatte ich keine, denn Kinder bis sechs Jahre durften in öffentlichen Verkehrsmitteln kostenlos mitfahren. Wobei meine Mutter für mich auch noch nicht bezahlte, als ich bereits acht war. Sie drückte mir einen Stoffteddy in den Arm und behauptete: Der Junge ist sechs, und in die Schule geht er auch noch nicht!

Zumindest das Letztere stimmte fast. Als ich planmäßig eigentlich in die Schule hätte kommen müssen, wurde das vergessen oder mit Absicht nicht gemacht. Immerhin erfreute ich mich so ein Jahr länger ungezügelt meiner Freiheiten.

Im nächsten Jahr unternahmen meine Eltern einen neuen Anlauf und ich stieg mit meinem Bruder in den Zug Richtung Hüswil. Damals war das noch eine kleinere Weltreise mit x-mal umsteigen. Mit einem kleinen Köfferchen in der Hand lieferte mich mein Bruder Ernst beim Bauern ab. Schon kurz danach verabschiedete er sich, um gleich wieder nach Hause zu fahren. „Ich werde dich noch zur nahen Bahnstation begleiten", schlug ich vor.

Der Zug kam, und ich – noch immer mit dem Köfferchen in der Hand, das ich im geheimen mitgenommen hatte, – stieg mit ein. Kein Drohen, keine Überredungskünste halfen, ich blieb stur im Abteil sitzen. Als mein Bruder grob werden und mich rausschmeißen wollte, fing ich an, laut zu heulen und zu betteln, dass ich mit nach Hause wolle.

Er konnte nicht anders – wir machten uns zusammen auf die Rückreise. Doch auch dabei tauchten Hindernisse auf.

Ganz genau weiß ich heute den Ablauf nicht mehr. Auf jeden Fall bog der Zug, der unserer Meinung nach bis Interlaken fahren musste, in Spiez, zirka 25 Kilometer vor unserem Ziel, rechts ab Richtung Brig. Es war der allerletzte Zug an diesem Tag, und nun standen wir am Bahnhof in Spiez und wussten nicht, wie wir nach Hause kommen sollten. Es muss schon gegen Mitternacht gewesen sein. Mein Bruder verhandelte und besprach unser Dilemma mit verschiedenen Leuten.

Plötzlich saßen wir in einem Taxi, ob alleine oder mit anderen „Gestrandeten", kann ich nicht sagen. Sicher ist, der Fahrer wollte Geld. Also kam er mit und begleitete uns beide nach oben in die Wohnung, um seinen Obolus von unseren Eltern zu kassieren.

Die erschraken nicht schlecht, als plötzlich ein fremder Mann in ihrem Schlafzimmer stand und Geld von ihnen haben wollte. Und dazu auch noch ich, der ich ja eigentlich in Hüswil sein sollte. Beide, Vater und Mutter, glotzten mich ungläubig an, wie wenn ich von einem anderen Stern käme.

Ob der Taxifahrer seinen verdienten Lohn jemals gesehen hat? Ich bezweifle es.

Ab nun wurden meine Freiheiten drastisch eingeschränkt. Die Pflichten riefen, ich musste die Schule besuchen. Vom Alter her ein Jahr zu spät, für mich aber zehn Jahre zu früh

Ich vermute, dass die Lehrerin in der ersten Klasse alle Mühe damit hatte, mich zu bändigen und mir meine Flausen auszutreiben. Ständig war ich irgendwie in Bewegung. Still sitzen oder gar aufmerksam zuhören – das ging nicht.

In den Turnstunden, aber auch dann, wenn die Lehrerin uns den Rücken zudrehte, übte ich immer wieder den Handstand. So lange, bis ich mir den Oberarm brach.

Die Lehrerin wollte es zuerst nicht glauben, dass ich mir den Arm gebrochen hatte. Aber weil ich weiter jammerte und klagte, schickte sie mich schließlich doch nach Hause. Zufälligerweise war meine Mutter da. Sie setzte mich auf den Gepäckträger hinten auf ihrem Fahrrad und brachte mich ins Spital, wo ich durch einen dicken Gips für längere Zeit in meiner Bewegungsfreiheit eingeschränkt wurde.

Auf meinem Schulweg durch die Marktgasse ins General-Guisan-Schulhaus kam ich an vielen kleinen Geschäften vorbei, die Uhren, Schmuck, Strickzeug und Souvenirs verkauften. Die Trottoirs wurden bei hochsommerlichen Temperaturen schon vor acht Uhr mit Wasser abgespritzt, gefegt und gereinigt. Ach, wie liebte ich den Geruch von nassem Staub und Asphalt. Ich habe ihn auch heute noch, nach bald 70 Jahren, in der Nase.

Interlaken besitzt zwei Bahnhöfe. Den West- und den Ostbahnhof. Natürlich war keiner von beiden vor uns Jungs sicher. Im Westbahnhof gab es ein Treppengeländer, das hinunter zur Schifflände führte. Es eignete sich bestens als Rutsche. Ich hatte Glück, dass ich das noch erleben durfte, denn einige Zeit später wurden Messingkugeln auf das Geländer geschraubt, und vorbei war der Spaß.

Der Ostbahnhof war nicht minder interessant. Und was macht man, wenn man müde ist und in der Nähe vom Westbahnhof wohnt? Genau, man steigt in den nächsten Zug und lässt sich bequem nach Hause kutschieren. Wir wussten es längst: Zwischen Ost und West gibt es keine Kontrolle.

Pech hatte ich, als ich einmal lässig auf der Sitzbank stand und den Kopf zum Fenster hinausstreckte. Meine Mutter stand vor unserem Haus und erblickte mich. Das gab ein

Donnerwetter, und dann war es für einige Zeit aus mit dem Bahnfahren.

Zwischen den zwei Bahnhöfen rattert der Zug quer durch die Marktgasse. Da waren der Schmocker und seine Frau für die Bahnschranken verantwortlich.

In der Marktgasse bestanden sie aus massivem Metall und mussten zwischen der spanischen Weinhalle und dem Wärterhäuschen auf zwei Schienen quer über die Straße geschoben werden. Der Schmocker war ein griesgrämiger, alter – mindestens schon 40 Jahre! – und ganz böser Mensch. Seine Frau war die Tageszeitung, wusste über alles Bescheid und nervte mich mit blöden Fragen, wenn mein Erzeuger wieder mal Radau gemacht hatte und die Polizei ins Haus kommen musste. Also war mir jedes Mittel recht, um die beiden zu ärgern. Beispielsweise legten wir ihm Steinchen auf die Barriereschienen, was den Mechanismus immer für einen Moment blockierte.

Richtig zornig konnten wir ihn machen, wenn wir auf einer anderen Barriere saßen, die etwa 200 Meter entfernt war. Der Schmocker musste sie per Seilzug bedienen. Wenn der Zug vorbei war, hängten wir uns zu zweit an eine Schranke, der Dritte stand Schmiere und warnte uns, wenn der Schmocker um die Kurve kam, um nach dem Problem zu schauen. Ein kurzer Pfiff von unserem Wachposten, und weg waren wir, für den wütenden Barrierewärter unauffindbar.

Es war 1950, als ich eines Nachts geweckt wurde. Die Fenster standen offen und von der Straße her hörte ich Frauen und Männer schreien. Ein Blick genügte, um zu wissen, was los war: Die Marktgasse brannte. Eine ganze Häuserreihe südlich vom Bahngleis stand lichterloh in Flammen. Da war nichts mehr zu retten außer dem eigenen Leben.

Die Feuerwehr war nur noch bemüht, die Häuser auf der anderen Straßenseite zu schützen. Es wirkte paradox, dass sie Häuser bespritzten, die nicht brannten, während sich um das Feuer kaum noch jemand kümmerte.

Wir wohnten nördlich vom Bahngleis, zwischen dem „Goldenen Anker“ und dem „Hotel Belle-Vue“, aber im Winkel vis à vis, in einem alten Holzhaus. Alle Marktgässler wurden angewiesen, das Nötigste zusammenzupacken, um im Notfall das Haus so schnell wie möglich verlassen zu können. Bis auf eines brannten alle Häuser nieder, die von uns aus gesehen in der rechten Reihe standen. Alle anderen konnten mit viel Wasser gerettet werden.

Ich stöberte noch nach Wochen in den Brandruinen herum und suchte nach brauchbaren Gegenständen. Im Haus der Hofers fand ich einen ausgebrannten Waggon von einer Modelleisenbahn. Ob sie schon Polo Hofer gehörte, meinem späteren Idol und Urgestein des Schweizer Mundartrock, entzieht sich meiner Kenntnis.

Vermisst habe ich lange Zeit das Glockengeläut vom „Hotel Belle-Vue“. Jeden Mittag um elf und jeden Abend um sechs läutete jemand von der Küchenmannschaft, um dem Hotelpersonal anzuzeigen, dass Essenszeit war.

Eines Morgens früh, während meines zweiten Schuljahrs, fuhr ein Auto bei uns vor. Darin saß Frau Reusser von der Armen- und Vormundschaftsbehörde. Ich kannte diese Dame. An der Hand meiner Mutter war ich schon öfters bei ihr im Büro gewesen, wenn es wieder einmal etwas zu klären gab. Um was es dabei jeweils ging, hatte ich keine Ahnung, dafür war ich noch zu klein.

Ich hatte Frau Reusser noch nie gemocht. Immer war sie schlecht gelaunt, oder sie schimpfte mit meiner Mutter oder mit mir, aus welchen Gründen auch immer. Auch an diesem Tag war mir schleierhaft, was sie von uns wollte, als sie ausstieg und ins Haus kam. Jedenfalls erinnere ich mich nicht, dass mir vorher jemand etwas gesagt hätte, was nun passieren sollte.

Dagegen erinnere ich mich noch gut, dass Frau Reusser laute und bestimmte Kommandos von sich gab, was zu tun und was einzupacken sei. Dann musste ich Abschied von der Mutter nehmen. Der vollzog sich schnell, still und ohne Emotionen.

Frau Reusser und der Chauffeur nahmen vorne im Wagen Platz, meine Geschwister und ich hinten im Auto, und los ging die Fahrt. Unterwegs erklärte die Vormundschaftsdame, dass sie uns nach Gondiswil bringen würde, alle vier ins gleiche Dorf. Na ja, dachte ich, ist ja nicht weit. Leider verwechselte ich Gondiswil mit Goldswil, einem Nachbardorf von Interlaken.

Nach etwa zwei Stunden Fahrt wurden drei von uns ausgeladen. Wir kamen auf zwei verschiedene Bauernhöfe, die aber in unmittelbarer Nachbarschaft lagen. Vreni, die Zweitälteste, und Ernst, der Älteste von uns, kamen beide zum Großbauern Paul Anliker. Und ich gegenüber auf den Hof der Kleinbauern Ernst und Marie Lanz.

Sie seien ab jetzt meine Pflegeeltern und der Stutz, so der Name des Weilers, sei meine neue Heimat.

Schuften und königlicher Besuch – als Verdingbub beim Lanz-Bauern

Ich stelle Ihnen, liebe Leserinnen, liebe Leser, im Folgenden meine neue Familie vor.

Ernst Lanz: Bauer und Erbe des Hofes. Klein, drahtig und jähzornig; gab gerne vor, eine große Portion Bauernschläue zu besitzen, indem er andere immer als etwas dumm hinstellte. Das schien für sein Selbstwertgefühl von großer Wichtigkeit zu sein.

Er wurde für mich in keiner Weise ein Ersatzvater und genauso wenig eine Respektsperson, auch wenn er das gerne gehabt hätte. Mit seinen groben Eskapaden – ich bezog genauso häufig Prügel wie seine Tiere – konnte er mir zwar Angst machen, aber keinen Respekt abnötigen.

Seine Frau Marie Lanz: etwas korpulent, was einer Bäuerin auch gut steht. Arbeitsam, tätig auf vielen „Baustellen“ im Betrieb (außer melken konnte sie alles) und die ganz Schlaue in der Familie. Wenigstens tat sie so, indem sie ihrem Mann und mir gegenüber so oft wie möglich ihre Intelligenz unter Beweis stellen wollte.

Im Gegensatz zum Nachbarn, der es auf sieben Jungen brachte, kamen bei der Familie Lanz „nur“ fünf Mädchen zur Welt. Marie war mir gegenüber sehr gefühllos, und oft hatte ich den Eindruck, dass ihr die Schweine bedeutend wichtiger waren als ich.

Rosa Lanz: die Mutter von Ernst, Schwiegermutter von Marie und Großmutter der Kinder. Eine resolute und unsympathische alte Frau, deren Mann schon vor längerer Zeit gestorben war. Das vergrämte sie vollständig. Bis an ihr Lebensende gab es keinen Farbtupfer mehr in ihrem Dasein, auf jeden Fall nicht in ihrer Garderobe. Schwarz war damals Pflicht, wie mir schien. Sie half mit beim Kochen, dagegen sah man sie wenig auf dem Feld.

Wenn wir irgendwo unterwegs waren, furzte sie ungeniert, stank wie ein Güllenloch – und gab immer mir die Schuld: „Aber, aber, Mäxu, was hast du denn wieder gemacht?“ Immer der gleiche Spruch und überhaupt nicht witzig! In ihrer Nähe war ich immer gehemmt und unglücklich.

Der Bauernbetrieb: fünf Kühe, zwei bis drei Kälber und ein paar Schweine, die in dunklen Löchern dahinvegetierten bis zur Schlachtreife. Die Fütterung und das Ferkeln oblag einzig und alleine der Marie.

Der Hasenstall hatte keinen Auslauf. Es kam vor, dass es Hasenragout gab, obwohl: als ich den Stall kontrolliert hatte, waren noch alle Hasen am Leben. Weiß der Kuckuck, was die uns aufgetischt haben. Ich vermute, dass dieser Hase vorher „miau“ gerufen hat.

Hühner gab es etwa 20 an der Zahl. Deren Stall zu säubern, zählte zu meinen Aufgaben. Eine sehr unangenehme Arbeit, da ich immer den Eindruck hatte, ich sei voller Flöhe. Was ab und zu auch stimmte.

Einen Hüttenhund gab es auch. Ihn musste ich jeden Morgen vor dem Frühstück und ein weiteres Mal am Abend vor einen einachsigen Karren spannen und die Milch etwa zwei Kilometer weit in die „Hütte", die Dorfkäserei bringen. Selbstverständlich auch bei Regen, Eis und Schnee.

Bild links: Genau so einen Karren hatte auch ich für den Milchtransport. Morgens und abends brachte ich mit dem Hund unsere und des Nachbarn Milch in die zwei Kilometer entfernte Käserei.

Bild rechts: So sah unser 2er-Gespann aus. Zum Pflügen brauchte es zwei solcher Gespanne. (Symbolbilder) Fotos: www.keystone-sda.ch

Wenn man die Güllenpumpe zu den Maschinen zählt, dann gab es auf dem Lanz-Hof zumindest eine Maschine. Die Felder mussten dagegen auf sehr, sehr langsame Art mit zwei oder vier Kühen beackert werden. Mein sogenannter Pflegevater war der einzige Bauer im ganzen Dorf, der nur mit Hornvieh arbeitete. Ein Nachbar pflügte mit einem Traktor. Für das, was er in einer Stunde machte, benötigten wir mit unserem Kuh-Doppelgespann zwei bis drei Tage.

Ich hatte mich noch kaum auf dem Hof eingewöhnt, da war ich schon zum Knecht „befördert“ und wurde zur Arbeit angehalten. Einfach so spielen oder nichts machen war verpönt und eines Knechtes unwürdig. Liebe, Zuneigung, Dankbarkeit, Familienanschluss oder was ein Kind sonst noch so braucht, gab es für mich nicht.

Nun wusste ich, wie es einem Wildtier zumute ist, wenn man es einfängt, in ein Gehege einsperrt und den Zaun immer wieder ein wenig enger steckt. Aus und vorbei war es mit meinen Freiheiten. Dafür waren tägliche Pflichten angesagt, die mit zunehmendem Alter wuchsen. Und zwar im Quadrat zum Alter.

Arbeitszeit: von 6 Uhr morgens bis 20 Uhr abends. Dazwischen Schule. Für die Hausaufgaben hatte ich so gut wie keine Zeit. Und wenn ausnahmsweise doch, dann keine Lust oder, genauer gesagt, ich war einfach viel zu müde dazu.

Schule – na ja, es gab eben ein Gesetz, und deswegen mussten mich meine Pflegeeltern dorthin schicken. Ansonsten hätten sie mich am liebsten auch vormittags zum Arbeiten auf dem Hof behalten. Das bekam ich immer wieder zu spüren, wenn etwa eine Schulreise anstand und Ernst schimpfte, weil ich einen ganzen Tag wegblieb. An gewissen Nachmittagen, wenn viel Arbeit anstand, zwang er mich, die Schule zu schwänzen, obwohl das auch schon damals verboten war. Aber bei Verdingbuben waren die Lehrer in dieser Hinsicht sehr tolerant.

Auf dem Stutz war Arbeit Pflicht und die Schule wurde toleriert. Entsprechend zerriss ich auch keine Stricke in der Schule. Schlängelte mich so kurz vor dem Sitzenbleiben durch und war eher unbeliebt bei den Lehrern. Bei den Schulkameraden war ich wegen meiner Kräfte und meiner Leistungen im Sport akzeptiert, ansonsten fehlte mir das Selbstvertrauen, um mich auf irgendeine andere Weise zu profilieren.

Natürlich dachte ich oft, dass ich dumm wäre, schließlich wurde mir das fast täglich eingehämmert, vor allem von meinen „liebevollen“ Pflegeeltern. Wobei ich das in meinem Innern nie wahrhaben wollte.

Im Rechnen war ich weit hinter den anderen. Eigentlich ging es gar nicht darum, die Rechenaufgaben zu verstehen. Wenn man das Rechenbuch mit sämtlichen Aufgaben bis zum Ende des Schuljahres, oder besser noch früher, durchbrachte, dann war man ein Musterschüler.

Wie schon oben erwähnt: Hausaufgaben habe ich wegen des Zeitmangels kaum einmal gemacht. Wenn wir ein Gedicht auswendig können mussten, lernte ich auf dem Schulweg schnell eine Strophe, und zwar immer eine von ganz hinten. Die vorderen konnten eigentlich alle. Wenn dann „mein“ Abschnitt aufgerufen wurde, meldete ich mich energisch zu Wort. Ich vermutete, dass die Lehrer meinen Trick durchschauten, aber es so hinnahmen.

Den Weg des geringsten Widerstandes gehen – das war mein Motto für die Schule. Auf diese Weise kam ich ganz gut zurecht, ohne mir groß Gedanken um die Zukunft zu machen.

Für die Zukunft hatte ich eh keine Zeit. Ich musste schauen, dass ich die täglichen Herausforderungen, also vor allem die Bauernarbeit, bewältigte und vielleicht noch irgendwo eine winzig kleine Lücke fand für ein wenig Freizeit. Diese musste ich mir sozusagen stibitzen – und wehe, wenn mir meine Pflegeeltern dabei auf die Schliche kamen!

Den Satz „Ich habe nichts zu tun.“ sagte ich auf dem Stutz nur einmal und dann nie wieder. Denn darauf bekam ich von Marie und Ernst eine ganze Liste von Arbeitsmöglichkeiten präsentiert.

Plackenstechen beispielsweise war so eine Strafarbeit, die man mir regelmäßig aufbrummte, wenn sonst nichts zu tun war. Wie ich dieses Unkraut gehasst habe, da ich ihm die Schuld an meiner hilflosen Lage gab.

Aber es gab trotz allem eine Möglichkeit für mich, dem grauen Alltag zu entkommen: Oft, sehr oft verkroch ich mich in meine Phantasiewelt. Jeden Moment nutzte ich aus, um mich in eine fremde Welt mit fremden Leuten zu beamen. Das war enorm wichtig, um nicht vollständig in Depressionen zu verfallen.

Außerdem konnte ich so ein wenig Anerkennung bekommen. Beispielsweise von der Königin von England.

Sie kam immer unerwartet zu uns auf Besuch. Ganz ohne Gefolge und ohne ihren Prinzen. Natürlich wurde sie im ersten Stock im Gästezimmer untergebracht. Manchmal stand sie am Fenster, und wenn ich darunter vorbeiging, winkten wir uns zu. Es kam sogar vor, dass sie mich ansprach, mir Komplimente machte, wie fleißig ich doch sei, wie gut ich dieses und jenes könne und wie kräftig ich für mein Alter sei. Natürlich fragte sie mich auch nach meinem Befinden. Dann konnte ich ihr ein wenig von meinen Sorgen erzählen, in der Hoffnung, dass die Königin jetzt ein Machtwort sprechen und es mir dann viel besser gehen würde. Schließlich durfte einer Königin niemand widersprechen. So hatte ich das einmal gehört.

Später kamen auch andere Leute auf den Hof. Bundesräte oder Nachrichtensprecher vom Radio. Es war alles vertreten, was Rang und Namen hatte, und alle waren begeistert von mir.

Zum Schluss tauchte noch Romy Schneider auf dem Stutz auf. Ich hatte mich in ein Bild von ihr verliebt, das ich einmal – ich weiß nicht mehr, von wem – bekommen hatte mit den Worten, das sei eine berühmte Filmschauspielerin. Das Bild war eine Art Autogrammkarte. Romy trug darauf einen knallroten Rollkragenpullover, hatte ein Paar weiße Schlittschuhe lässig über die Schultern geworfen und lächelte mich unentwegt an.

Auf diese Weise kam ein wenig Freude in mein tristes Alltagsleben.

Oft überkam mich die Sehnsucht nach meinen geliebten Bergen. Nach der schneebedeckten „Jungfrau“ mit dem markanten „Silberhöry“, dem „Harder“, wo ich schon etliche Abenteuer erlebt hatte. Auch nach dem Thuner- und Brienzersee. Nichts Vergleichbares gibt es hier im Emmental und Oberaargau.

Je älter ich wurde, je mehr liebäugelte ich damit, abzuhauen – Richtung Interlaken. Vor allem dann, wenn ich wegen irgendwelcher Kleinigkeiten ein Donnerwetter auszuhalten hatte. Wohin und in welche Richtung ich mich orientieren müsste, das zeigte mir das Dreigestirn „Eiger“, „Mönch“ und „Jungfrau“, das ich – wenn auch in weiter Ferne – immer vor Augen hatte.

Ab und zu drohte ich meinen Pflegeeltern offen damit, ihnen davonzulaufen. Natürlich glaubte mir niemand. Im Gegenteil, ich wurde ausgelacht: „Na wo willst denn du schon hin?“, spotteten sie.

Interlaken 1962. Im Hintergrund die „Jungfrau“. Foto: M. Rubin

Einmal wollte ich ernst machen und schrieb meiner Mutter eine Postkarte, dass ich den Stutz und Gondiswil verlassen möchte. Bald darauf kündigte sich die Armenbehörde auf dem Lanz-Hof an – meine Mutter hatte sie informiert –, und so kam alles heraus. Dafür kassierte ich zuerst einmal ein paar Ohrfeigen von Marie. Doch nach diesem Prügeln folgte urplötzlich ein Schwenk um 180 Grad, und alle fingen an, mir zu schmeicheln. Zuerst Hiebe, dann Liebe.

Ich wurde hofiert und war scheinbar plötzlich der Liebling in der Familie. Die Großmutter strickte mir Strümpfe, und mit Marie durfte ich nach Huttwil auf den Wochenmarkt und bekam ein paar neue Gummistiefel geschenkt. Dass das Ganze ein abgekartetes Spiel war, hätte ich spätestens merken müssen, als ich darauf eingeschworen wurde, den Leuten vom Amt gegenüber alles zu widerrufen und zu sagen, ich wolle weiterhin auf dem Stutz bleiben. Ich bräuchte nur zu sagen: „Ich will bleiben", alles andere würde sie dann für mich erledigen.

So kam eines Tages das ganze Karussell aus Interlaken angereist, vorneweg, wie immer, Frau Reusser. Die Herrschaften wurden in die Stube gebeten und mit einem deftigen Bauernschmaus bedient. Dann wurde auch ich gerufen.

Irgendwie genoss ich die Situation. Endlich musste sich jemand um mich kümmern! Die Armenbehörde war nur meinetwegen angereist, und Marie merkte man deutlich die Angst an, ich könnte doch bei meinem ursprünglichen Wunsch bleiben und sagen, dass ich weg wolle. Ich spürte, dass es ein herber Verlust für das Bauernpaar wäre, wenn ich den Stutz verließe. Es war ja auch ganz klar: Sie hatten einen Knecht, für den sie nichts zahlen mussten, sondern für den sie sogar noch jeden Monat Kindergeld kassierten.

Frau Reusser stand wie ein General vor mir und forderte mich auf, zu sagen, was ich zu sagen hätte.

Ich schwieg beharrlich. Alles Drängen und Schimpfen half nichts, kein Wort kam über meine Lippen.

Da meldete sich Marie zum Wort und sagte: „Also uns hat er gesagt, dass er gerne hierbleiben würde!"

Die Sache hatte sich erledigt, die Beamten zogen gesättigt und froh, dass sich alles zum Besten erledigt hatte, wieder ab, und mit dem Abzug kehrte auch der Alltag mit all seinen Erniedrigungen gegenüber mir zurück. Ab da an hatte ich auch keine Fluchtpläne mehr, da ich einen kleinen Lichtschimmer am Ende des Tunnels sah und wusste, dass ich nur noch anderthalb Jahre ausharren musste und ich – wenn von der Schule entlassen – diesen Ort verlassen würde.

Bis dahin galt es, noch zwei Winter auszuharren. Für mich die schlimmste Jahreszeit, da ich kaum geeignete Kleidung hatte, und für die Füße in immer nur diesen verhassten, löchrigen und feuchten Gummistiefeln, war es oft schwierig, diese kalte Jahreszeit zu überstehen.

Ein ganz brutaler Winter bleibt ewig in meiner Erinnerung. Über lange Zeit war es extrem kalt. Fünf oder sechs Wochen immer zwischen zehn und zwanzig Grad minus.

Mein Zimmer konnte nicht beheizt werden, der Wind blies durch die Ritzen, somit hatte es innen ständig Minusgrade. Die Fenster waren dick vereist und das ganzen Zimmer voller Raureif. Weil meine Atemluft zu Eiskristallen gefror, sahen die Spinnweben aus wie Perlenketten.

Für die Nacht nahm ich alle meine Klamotten mit ins Bett, außer den Gummistiefeln und dem schmutzigen Stall-Überkleid. Alles, was an Unterwäsche vorhanden war, trug ich an meinem Körper, die anderen Sachen wurden oben auf die Bettdecke gepackt.

Der Morgen, wenn ich in die klammen Hosen steigen und in die von der Feuchtigkeit gefrorenen Gummistiefel schlüpfen musste, war besonders schlimm. Damit mir die

Zehen nicht abfroren, rannte ich in den Stall, stellte mich in die noch dampfende Kuhscheiße oder hielt die Stiefel unter einen Strahl warmer Kuhpisse.

Manchmal füllten wir eine Blechdose mit Wasser vom Dorfbrunnen und schleuderten sie in hohem Bogen in die Luft. Daran konnte man sehen, wie kalt es war: Noch bevor das Wasser den Boden berührte, war jeder Tropfen zu Eis erstarrt.

Ich war nun schon in dem Alter, in dem man die ersten Schmetterlinge im Bauch fühlt, sich in eine Schulfreundin verknallt oder beim Anblick der Magd des Nachbarn gewisse Sehnsüchte verspürt. Oder in dem man sich, wie ich, in ein Bild von Romy Schneider verliebt.

So richtig klar war mir noch nicht, was da passierte, als ich Ernst und Marie zum ersten Mal nach dem Mittagessen im Heu erwischte, während ich nichts ahnend durch die Heubühne schlich. Irgendwann später ging mir ein Licht auf, aber ich tat immer unschuldig und benahm mich, als ob ich nichts gesehen hätte.

In der Schule wusste natürlich jede und jeder über alles Bescheid, was mit diesen Dingen zusammenhing. Wenigstens taten wir so. Ich glaube aber, es machten immer noch einige Fehler und waren sich nicht sicher: Schreibt man „Vögeln“ mit V oder mit F?

Zurück zu Marie und Ernst. Schließlich waren sie mein Anschauungsunterricht und nur von ihnen konnte ich etwas lernen. Es ergab sich so ab und zu, dass wir Feldarbeiten weiter weg vom Hof verrichten mussten, mit vier Kühen als Zugtieren, eingeteilt in zwei Gespanne. Marie und Ernst tuschelten miteinander, und einer von ihnen kam dann zu mir und sagte, sie hätten im nahen Wald etwas Verdächtiges gehört und müssten mal nachschauen, was da wäre. Meine Aufgabe wäre jetzt, auf die Gespanne aufzupassen, bis sie zurück kämen. Es dauerte auch nicht sehr lange – maximal zwanzig Minuten –, bis sie am Waldrand wieder auftauchten: Händchen haltend, mit leuchtenden Augen und einem verzückten Lächeln. Etwas Verdächtiges haben sie übrigens kein einziges Mal gefunden.

Das Schöne daran war für mich, dass der Tag ohne Fluchen oder Schimpfen von Ernsts Seite zu Ende ging.

Von links: Hans Steffen aus Hüswil. Dort verbrachte meine Mutter einen Teil ihrer Kindheit; sie ist in Zell (Kanton Luzern) in die Schule gegangen. Meine Eltern versuchten dreimal, mich dort zu platzieren.

Max Rubin. Die Knickerbocker bekam ich schon als kleiner Junge. Am Anfang schabten sie mir unter den Armen, weil ich sie so weit hochziehen musste. Unten musste ich sie weit über dem Knie festmachen. Ich bin dann im Laufe der Jahre hineingewachsen!

Cecile Savary, meine Mutter.

Ruth Rubin, meine Schwester, zirka 15-jährig am Tag ihrer Konfirmation.

Die Bäuerin von der „Haueten" in Gondiswil, bei der Ruth platziert war.

Der Nachwuchs von der Haueten. Foto: M. Rubin

Goldfarbene Manschettenknöpfe – Wie ich Selbstbewusstsein aufbaute

Das Selbstvertrauen war bei mir sehr lange Zeit auf dem Nullpunkt. Vermutlich deswegen, weil ich in meiner Kindheit nur allzu oft den Satz zu hören bekam: „Aus dir wird eh niemals etwas Richtiges." Solche und ähnliche Sprüche waren quasi mein tägliches Brot.

Meinen lieben „Pflegeeltern" Ernst und Marie war wichtig, dass sie mich niederhalten konnten und mir zeigen, was für ein armseliges Würstchen ich doch sei.

Das hat für eine gewisse Zeit auch sehr gut funktioniert. Doch etwa in der achten Klasse begann sich langsam ein Selbstbewusstsein bei mir zu entwickeln. Ich ließ nicht mehr zu, dass ich geschlagen wurde. Weder vom Bauern noch vom Lehrer (der das ausgiebig und gerne tat) oder sonst jemandem. Auch vor dem Raufen mit bedeutend älteren Jungs hatte ich bald keine Angst mehr. Ich lernte, auf meine Kraft und meine Gewandtheit zu vertrauen, und das ließ meine früheren Komplexe schnell schrumpfen.

Langsam kam ich zu der Erkenntnis, dass ich als Erwachsener durchaus einiges würde erreichen können. Aber bis dahin stand mir noch ein langer und oft mühsamer Weg bevor.

Körperlich und geistig war ich fit. Nur in Sachen Allgemeinwissen hinkte ich hinterher. Das lag wohl an meinem Umfeld und vor allem an den Lehrern. Die unterrichteten immer noch wie vor hundert Jahren, waren nicht bereit, etwas dazuzulernen, und glaubten, ihre Art von Unterricht würde noch bis in alle Ewigkeit Gültigkeit besitzen. Vor allem unser „Prügellehrer", der noch bis weit über das Pensionsalter hinaus unterrichtete.

Ich arbeitete also kräftig am Aufbau meines Selbstbewusstseins. Aber stabil war das Ganze noch nicht. Es genügte ein verbaler Hammerschlag, und mein tolles Gebilde fiel in sich zusammen wie ein Kartenhaus.

Wertschätzung bekam ich als Oberschüler beispielsweise von einem Nachbarn und dessen drei Söhnen, die etwas älter waren als ich. Sie schenkten mir eine Art Trompete und animierten mich dazu, das Instrument zu lernen. Sie brachten mir auch das Notenlesen bei. Plötzlich konnte ich etwas, was nicht jeder und alle konnten und was mir Verdingbuben einen enormen Auftrieb gab!

Den Vogel schoss ich zu meiner Konfirmation ab.

Meine „Pflegeeltern" kauften mir nur in Ausnahmefällen Kleider und überließen das lieber der Armenbehörde von Interlaken. Von dort kam kurz vor der Feierlichkeit ein großes Paket. Darin ein schneeweißes Hemd, dunkle, feine Socken, glänzende schwarze Schuhe und ein Anzug, wie man ihn in diesem Dorf gar nicht kannte. Hinten am Kittel waren zwei kleine Schlitze. Dazu nicht nur eine Krawatte, sondern auch noch eine Fliege, mit der ich meinen Hals schmücken konnte. Ich habe keine Ahnung, wer das alles eingekauft hatte. Es muss bei der Vormundschaftsbehörde eine junge und modebewusste Frau, aber sicher nicht Frau Reusser, gegeben haben.

Als ich alles auspackte, um eine erste Anprobe zu machen, fiel meine Pflegemutter Marie fast in Ohnmacht und wollte mir verbieten, in diesem „Aufzug" zu dem bevorstehenden Fest und in die Kirche zu gehen. Am liebsten hätte sie mich in Gummistiefeln und Stallklamotten dorthin geschickt. Ich beharrte aber darauf, in dem wunderschönen Anzug konfirmiert zu werden.

Meine Aufmachung rief natürlich viele Neider auf den Plan, und ich wurde von verschiedenen Leuten gehänselt und verspottet, weil ich nicht so angezogen war wie alle anderen, sondern eben nach der neusten Mode.

Am Tag meiner Konfirmation 1959 in Gondiswil. Ich war stolz wie ein Pfau, weil ich so einen extravaganten Anzug trug. Später tauschte ich die Krawatte gegen eine Fliege. Goldfarbene Manschettenknöpfe zierten meine Handgelenke. Zum ersten Mal in meinem Leben trug ich dünne, feine Socken! Foto: M. Rubin

Doch ich war stolz wie ein Pfau und die neidvollen und spöttischen Bemerkungen meiner Mitschüler ließen mich kalt. Endlich hatte ich etwas, was sonst niemand hatte. Den schönsten und modernsten Anzug mit goldfarbenen Manschettenknöpfen. An diesem Tag spürte ich vom Scheitel bis zur Sohle erstmals, was es bedeutet, etwas als Einziger zu besitzen.

Es war Balsam für meine geschundene Seele und mein Selbstwertgefühl.

29. März Anno 1959. Konfirmationsfoto mit Pfarrer. Insgesamt waren in dieser Klasse fünf Verdingbuben und ein Verdingmädchen. Ich stehe als Dritter von rechts in der mittleren Reihe. Foto: M. Rubin

Metzgerlehre

Kurz nach meiner Schulentlassung musste ich in der Metzgerei Studer in Rohrbach eine Metzgerlehre antreten. Dort wurden mir die Flügel sehr kurz gestutzt, und ich avancierte vom Knecht zum leibeigenen Sklaven.

Trotz Lehrvertrag, der mir ein kleines aber wichtiges Einkommen ermöglichen sollte, durfte ich zwar jeden Monatsanfang brav das Lohnblatt unterschreiben, aber bezahlt haben sie mir drei Jahre lang nichts. Tägliche Arbeitszeit von morgens 6 Uhr, bis abends 19 Uhr war Pflicht. Und das von Montag bis Samstagabend. Wenn nötig, musste ich auch am Sonntag arbeiten ohne irgendwelche Kompensation an Freizeit.

Mir gegenüber zeigte sich der Studer Walter als harter Kerl, als Meister in allem. Meine Fehler erkannte er immer schon lange im voraus, wie er zu sagen pflegte, aber gesagt hat er es mir immer erst im Nachhinein. „Das habe ich kommen sehen"! Bei diesem Spruch bekomme ich heute noch Pickel wenn ich ihn höre.

Harter Kerl? Ha, ha, ein Feigling war er. Seit Jahren hatte er keine einzige Sau mehr getötet, das überließ er seinem Sklaven. Jeden Montagmorgen früh brachten die Bauern im Schnitt acht Schweine zum Schlachten. Am Anfang war ich physisch und psychisch weit überfordert. Mit meinen knapp über 54kg und 166cm hatte ich ganz einfach die Figur nicht, um die über hundert Kilo schweren Fleischstücke zu schleppen. Jeden Montag kam ich mit dem Töten und dem furchtbaren Gequietsche der Tiere an meine psychischen Grenzen.

Oft fragte ich mich, warum ich das alles mache, obwohl ich nie im Traum daran dachte, diesen Beruf zu erlernen. Als Verdingbub hast du nicht viele Möglichkeiten, und so schickte ich mich in mein Schicksal. Ich war gezwungen, mit einer gewissen Brutalität an die Arbeit heran zu gehen um meine Gefühle zu unterdrücken. Auf diese Weise kam ich über die Runden.

Feige war der Chef deshalb, weil es nicht anders ging, und er am Dienstag, wenn entweder ein Rind, eine Kuh oder ein Stier geschlachtet wurde, das Bolzenschussgerät bedienen musste um das Tier mit einem einzigen Schuss in die Stirn zu töten. Schon bei einer Kuh wird es gefährlich wenn der Schuss nicht zu 100 Prozent sitzt. Gar nicht auszudenken was bei einem Stier passiert, wenn der plötzlich seine tausend Kilo-Masse einsetzt, dann hält den niemanden mehr. Zum Glück weiß so ein Bulle nicht, wie viel Kraft er besitzt. Dieses Nichtwissen habe ich ausgenützt wenn ich das Tier in den Schlachthof geführt habe. Der Boss hat sich im Brunnen mit seiner Schusswaffe versteckt, während ich dem Stier mit ganz leichten Schlägen quer über die Stirn schlug, damit er blinzelte und kaum noch was sehen konnte und ich den Koloss vor den Brunnen führte, so dass der Angsthase in aller Ruhe und in Sicherheit seinen Bolzenschussapparat betätigen konnte.

Rohrbach etwa 1960/61. Das Bild entstand im Restaurant „Pöstli" (Zur alten Post), wo ich (Zweiter von links) mit meinen Turn-, Sport- und Lauffreunden viele Feste feierte.

Foto: M. Rubin

Es war hart, eigentlich zu hart für ein sensibles Bürschchen wie mich. Die körperlichen und seelischen Anforderungen waren zu hoch. Aber was tun? Wir hatten einen Lehrvertrag über drei Jahre, den ich unbedingt erfüllen wollte.

Die drei Jahre Metzgerlehre waren ein Stahlbad in jeder Hinsicht. Ich ging geläutert und gestärkt heraus. Auch mein Selbstvertrauen hat sich ein wenig aufgebaut. Wobei es immer noch ein zerbrechliches Gebilde war, das zu jeder Zeit zusammenbrechen konnte.

Für einige Jahre war es eine Berg- und Talbahn mit meinen Gefühlen. Mal war ich ganz oben, um dann wieder tief zu sinken. Komische und unmögliche Sachen schwirrten in meinem Kopf rum. Ich begann mir vorzustellen, was die Leute so von mir denken könnten. Dabei kamen eigentlich immer nur Figuren der Superlative heraus. Leute, die ich nicht mal im Traum hätte sein wollen oder können. Vom Piloten über den Autorennfahrer (damals noch ohne Führerschein) bis hin zum Opernsänger oder Filmstar war alles dabei. Es kam vor, dass ich unangemessene Klamotten anhatte und mir dabei einbildete, dass die Leute in mir irgendeine Prominenz vermuten würden, die sich unerkannt hier aufhalten möchte. Ab und zu musste ich im Nachhinein selber lachen ob meiner skurrilen Phantasie.

Gelebt habe ich in diesen drei Jahren einzig und allein vom Trinkgeld, das ich an jedem Samstag beim Fleischaustragen – mit dem Fahrrad und bei jeder Witterung – von den Bauern bekam, die weit verstreut rundum gewohnt haben.

Der Sport half mir, dass ich seelisch einigermaßen über die Runden kam und wenigstens dort glänzen konnte und Anerkennung bekam.

Ich war bei allen ortsansässigen Sportvereinen aktives Mitglied. Es gab kaum was anderes, als mich von Montag bis Sonntag zu jeder freien Minute und abends bei Feierabend mit Sport zu beschäftigen. Dort traf ich Gleichgesinnte und wurde an meinen sportlichen Leistungen und der Tauglichkeit zur Kameradschaft gemessen.

Träume und Alpträume – Erfahrungen mit Frauen

Ab der 9. Klasse bekam ich regelmäßig nachts einen Samenerguss. Selbstbefriedigung war mir noch unbekannt, ich hatte keine Ahnung, wie man das handhabt. Nach dem Schulentlass und meinem Eintritt ins Berufsleben ging die nächtliche Spritzerei weiter. Irgendwann fiel es der Chefin auf, denn sie war auch für meine Bettwäsche als Lehrling verantwortlich. So wurde ich eines Tages zum Boss zitiert. Der fragte mich, was ich denn nachts so treibe, da das Leinen immer voller Flecken sei? Ich zuckte mit den Achseln und lief purpurrot an. Er wisse es, entgegnete er und machte mit der Hand die entsprechenden Bewegungen. Jetzt kannte ich die Mechanik und wusste, wie man es machte.

Die erste große Liebe kam ein Jahr später: Ich verliebte mich in die Dorfschönheit. Margrit hieß die zarte und zerbrechliche Blume mit langen blonden Haaren. Sie war noch keine sechzehn und somit etwa zwei Jahre jünger als ich, Schülerin der neunten Klasse, aber mir in der Entwicklung weit voraus. Sie war noch Jungfrau, und ich durfte ihr im Beisein ihrer Mutter die Unschuld nehmen. Nicht dass die Mutter dabei zugeschaut hätte, aber sie bestand darauf, wenn ich bei Margrit übernachtete, dann nur neben ihr im Ehebett. Ihr Mann war nämlich längst über alle Berge und auf Nimmerwiedersehen verschwunden, und so war genug Platz.

Dass wir zu dritt im Ehebett lagen, wirkt auf Sie, liebe Leserin, lieber Leser, wahrscheinlich grotesk. Für Margrit und mich war es aus naheliegenden Gründen aber gar nicht lustig und aus diesem Grunde verlagerten wir unser Liebesleben, so oft es ging, in die freie Natur. Oder wir suchten andere Orte, an denen wir uns in Ruhe vergnügen konnten.

Learning by doing war unsere Devise. Sei es im Bett, beim Tanzen oder beim Musikhören. Denn wir waren, oder vor allem ich war, in diesen Dingen ein absoluter Anfänger. Immerhin brachten wir es in Sachen Tanzen innerhalb eines halben Jahres fast zu Meisterehren. In jeder freien Minute verwandelten wir das Wohnzimmer bei Müllers in einen kleinen Tanzsaal. Dann flogen die Fetzen, mit Cha-Cha-Cha, Tango, Twist und Rock'n'Roll. Bei samstäglichen Tanzveranstaltungen überließen uns die übrigen Tänzer oft die Bühne, damit wir unsere Show abziehen konnten.

Zwei Jahre dauerte die Liaison, dann hatten wir beide buchstäblich die Nase voll voneinander. Die Trennung vollzog sich schmerzfrei. Frei von allen Zwängen und voller überschäumender Lebensfreude zog ich alle Register und genoss das Dasein in vollen Zügen.

SPORT

Im Schulzeugnis hatte ich im Sport immer einen Sechser. Das ist in der Schweiz die Bestnote. Darin war ich tatsächlich der Klassenbeste.

In der ersten Klasse hatte ich den Handstand in der Turnhalle so lange geübt, bis ich mir den Oberarm brach. In der zweiten Klasse fuhr ich so idiotisch Ski, dass der Unterschenkel dreimal in die Brüche ging.

Ja, ja, im Sport konnte mich kaum jemand aufhalten. Ich denke, vielfältiger Sport zu betreiben, als ich es getan habe, ist kaum noch möglich. Hier zähle ich einmal auf, was mir in Erinnerung geblieben ist:

Schwingen, ein Schweizer Nationalsport der von Nichtschwingern oft als Alpenjudo bezeichnet wird, was auch gar nicht so abwegig ist, weil es ein Kampfsport „Mann-gegen Mann" ist.

Hornussen, ein weiterer Schweizer Nationalsport der ironischerweise von Städtern oft als „Bauerntennis“ beschrieben wird.

Und schließlich Fußball, als Torhüter, weil ich zwar nicht der größte Spieler, aber mit Abstand der beste Fänger war – das waren meine wichtigsten Sportarten als Schüler.

Weiter als Jugendlicher: Fußballtorhüter beim FC Rohrbach, Schlittschuhlaufen und Eishockey, militärischer Vorunterricht – das sind sieben verschiedene Disziplinen;

Kunstturnen: Reck, Barren- und Bodenübungen;

Leichtathletik und Läuferriege Rohrbach, wo ich Crossläufe von 8 bis 10 Kilometern Länge absolvierte.

Und so sahen meine Sonntage aus: entweder Fußballmatch, Turnfest oder Crosslauf irgendwo in der Schweiz. Oder aber Schießübungen mit Karabiner auf 300 Meter, vielleicht auch Velotouren zwischen 150 und 200 Kilometern, und das mit einem alten Dreigang-Fahrrad.

Man könnte jetzt auf den Gedanken kommen, ich hätte nichts zu tun gehabt. Falsch! Ich war damals schon Metzgergeselle und musste sechs Tage in der Woche zwölf bis dreizehn Stunden pro Tag hart arbeiten. Aber in jeder meiner freien Minuten betrieb ich damals Sport.

1959/1960/1961 – immer Sport, Sport, Sport! Foto: M. Rubin

„HOTA", der Fußballclub für Hotelangestellte. Wir hatten in Interlaken eine richtige Meisterschaft mit etwa zehn Mannschaften (Bild ca. 1967). In dieser Mannschaft waren ein Italiener, ein Spanier, ein Österreicher und einige Deutsche. Ich (Dritter von rechts) war der einzige Schweizer. Zu uns gehörten einige so hitzige Typen, dass meist nur ein Schiedsrichter von der Polizei das Spiel leiten konnte. Foto: M. Rubin

Später kam dann noch Tischtennis, Tennis, Faustball, Skifahren, Curling, Klettern in Fels und Eis und schließlich Schach hinzu. Über Schach schreibe ich an anderer Stelle noch mehr. Heute, im Greisenalter, spiele ich immer noch leidenschaftlich Tennis. Und das Schöne daran ist, auf einem recht hohen Level.

1982 nahm ich an der Schweizer Meisterschaft der Hotel- und Gastgewerbeangestellten teil. Abfahrt und Riesenslalom standen auf dem Programm. Auch Kegeln war eine große Leidenschaft von mir, wo ich ebenfalls meine Lorbeeren einheimste.

„Sport ist Mord", hört man ab und zu von Nichtsportlern. Zu einem kleinen Teil muss ich ihnen recht geben. Denn wie oft habe ich gelitten? In den Bergen, bei Crossläufen, und am meisten beim Schach. Aber ohne zu leiden gewinnt man keinen Blumentopf. Für mich gehörte es zum Sport, zum Leben, wie das Atmen und das Amen in der Kirche.

Und was hat mir Sport gebracht, außer mich fit zu halten? Eine ganze Menge, das darf ich mit ruhigem Gewissen sagen. Viele, viele Freundschaften, Kameraden, Zusammenhalt, gemeinsame Feste.

Außerdem konnte ich mein ramponiertes Selbstbewusstsein stärken. Und, was sehr wichtig war, meine Aggressionen abbauen. Heute, mit bald 78 Jahren, bekomme ich von meiner Frau Komplimente, weil ich sehr glücklich aussehe, wenn ich vom Tennisspielen nach Hause komme. Es erfüllt mich und ist ein wichtiger Teil in meinem Leben.

Meine Militärkarriere

Meinen sportlichen Fähigkeiten nach zu urteilen, würde ich mindestens General werden, so mein Traum. Leider erreichte ich das Ziel nicht ganz.

Meine militärische Karriere begann mit 16 Jahren. „Militärischer Vorunterricht" hieß die Ausbildung. Normalerweise freiwillig, für meine Pläne aber war es Pflicht. Sportlich musste man sein. Klettern an der 5-Meter-Stange (meine Paradedisziplin), Handgranaten werfen, Weit- und Hochsprung usw. – insgesamt zehn Disziplinen. Drei Jahre dauerte die Ausbildung, und einmal pro Woche war Training. Jedes Jahr bestand ich die Prüfungen mit dem Punktemaximum. Dazu kam am Sonntagvormittag Schießunterricht mit Karabiner auf 300 Meter Distanz. Dort zählte ich nicht zu den besten, aber immerhin zu den Guten. Mit 19

Bild: M. Rubin

die sogenannte „Aushebung“. Das bedeutete: Ärztliche und körperliche Musterung. Sport perfekt, Gesundheit: Loch im rechten Trommelfell – also ein Gehörschaden. Leider. Nach vielem „bla bla bla“ wollten sie mich tatsächlich nicht aufnehmen. Mein Protest nützte: „Kommen sie in einem Jahr nochmal, dann werden wir sehen“.

Es war nur eine Vertröstung, nicht mehr und nicht weniger. Nach einem Jahr war das Trommelfell immer noch löcherig, dazu kam eine Verkrümmung der Wirbelsäule, was von einem komplizierten Beinbruch beim Skifahren im Alter von 9 Jahren herrührte. „So, Herr Rubin, das war´s, sie sind entlassen aus dem Militärdienst.“ So schmetterte der Herr Oberst mir sein Urteil ins Gesicht. Wiederum kam ein weinerlicher Protest von mir mit dem Hinweis auf meine sportlichen Resultate. „Nun gut, wir können sie maximal noch zum Hilfsdienst einteilen. – Wollen sie bewaffnet oder unbewaffnet?“ „Gerne bewaffnet, bitte.“ Gut, nun war ich zum HD eingeteilt.

Wie ich im Nachhinein mitbekam, kamen dort nur Analphabeten oder Deppen hin, die nicht lesen und schreiben können. Soweit hatte ich es gebracht. Es war zum Heulen und eine riesige Schmach für mich.

Irgendwann kam ein Aufgebot nach Bern ins Zeughaus, um die Klamotten inklusive der ganzen Ausrüstung mit Gewehr und Munition zu fassen. Nun war ich ein Soldat ohne irgendwelche Ausbildung, ohne Rekrutenschule.Das Schlimme war, ich konnte nicht mitreden bei meinen Freunden, die all das mitgemacht hatten. Meine Pflicht war, ich sollte alle zwei Jahre zu einer Inspektion gehen. Vollpackung und alles in glänzendem Zustand war Pflicht. Nur, ich hatte keine Ahnung wohin ich gehen sollte. Die Infoplakate sahen für mich (als Vollidioten) aus wie Strickmuster. Null Ahnung von dem Verein. Als ich zum zweiten mal die Inspektion schwänzte, bekam ich von oben einen strengen Verweis und eine saftige Buße.

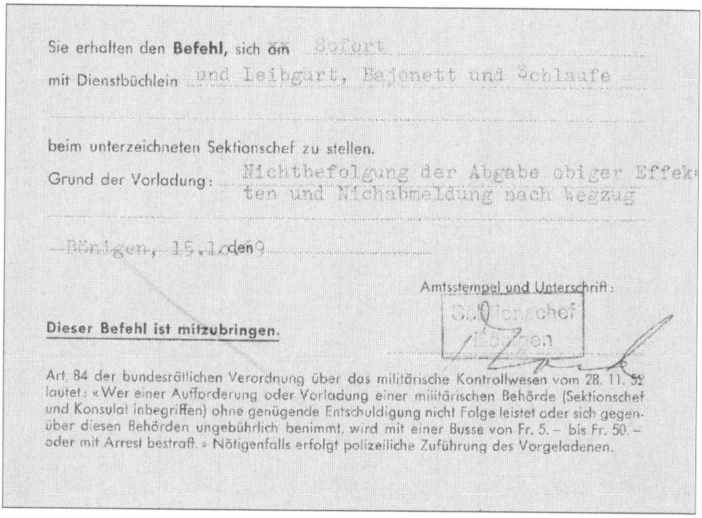
Sie erhalten den **Befehl**, sich am Sofort
mit Dienstbüchlein und Leibgurt, Bajonett und Schlaufe

beim unterzeichneten Sektionschef zu stellen.
Grund der Vorladung: Nichtbefolgung der Abgabe obiger Effekten und Nichabmeldung nach Wegzug

Bönigen, 15.1.69

Amtsstempel und Unterschrift:

Dieser Befehl ist mitzubringen.

Art. 84 der bundesrätlichen Verordnung über das militärische Kontrollwesen vom 28. 11. 52 lautet: «Wer einer Aufforderung oder Vorladung einer militärischen Behörde (Sektionschef und Konsulat inbegriffen) ohne genügende Entschuldigung nicht Folge leistet oder sich gegenüber diesen Behörden ungebührlich benimmt, wird mit einer Busse von Fr. 5.– bis Fr. 50.– oder mit Arrest bestraft.» Nötigenfalls erfolgt polizeiliche Zuführung des Vorgeladenen.

Solche Mahnungen und Befehle habe ich während meiner militärischen „Karriere“ einige bekommen. Bild: M. Rubin

Nun, die Jahre vergingen, und bedingt durch meinen Beruf war ich ständig irgendwo in der Schweiz unterwegs. Das Militär interessierte mich keinen Deut mehr. Die Klamotten, Gewehr und Ausrüstung gammelten irgendwo in einem Keller vor sich hin. Auch irgendwelche militärische Inspektionen interessierten mich nicht mehr. Ich wurde zum Pazifisten. Rebellieren und demonstrieren waren in den 60ern angesagt. Keine Norm, nichts wo man nicht dagegen demonstrieren konnte!

Ich erinnere mich, dass wir einmal, es war weit nach Mitternacht, uns auf die Straße setzten und demonstrierten. Bald mal kam ein Auto, doch die Straße war von uns gesperrt. Nach einer kurzen Weile fing der Typ im Auto an, wie wild zu hupen. Ich stand auf und fragte ihn, was denn los wäre? Seine Gegenfrage: „Gegen was demonstriert ihr?"
„Gegen solche Arschlöcher wie dich, die ständig hupen."
Nach etwa zehn Minuten durfte er dann weiterfahren.

Dieses Rebellieren trug mir einen „netten" Brief aus Bern vom Bundesamt für Justiz ein. In dem Brief wurde ich freundlich, aber bestimmt aufgefordert mit Vollpackung drei Tage im Knast zu verbringen wegen Versäumnis der Wehrpflicht.

Die drei Tage saß ich ab und versäumte die nächste Inspektion aber wieder. Dann sah die Obrigkeit ein, dass ich ein hoffnungsloser Fall war und so durfte ich den Militärplunder wieder abgeben. Damit hatte sich auch der General aus meiner Berufswunschliste verabschiedet.

Verwandtschaft – „Je verwandter desto verdammter...“

Diesen Spruch hörte ich schon des öfteren in meiner Kinder- und Jugendzeit. Da wusste ich aber noch nicht, wie ich damit umgehen sollte, weil mein Verständnis und die Erfahrung dazu fehlte.

Nun aber von Anfang an: Eigentlich bin ich in Sachen Verwandtschaft reich gesegnet. Meine Großeltern väterlicherseits hatten 26 (in Worten: sechsundzwanzig!) Kinder, wovon 24 überlebt haben. Also Tanten und Onkel im Übermaß vorhanden.

Außer meinem Erzeuger, den ich lieber nicht als meinen Vater bezeichnen möchte, sind mir noch maximal zwei Onkel in Erinnerung, die in der Region wohnten. Die allerletzte Begegnung war im Autobus von Interlaken nach Bönigen, wo ein Onkel und eine Tante mit dabei waren. Ich erzählte ihnen, dass ich mich vor kurzem verlobt hätte und stellte ihnen meine Braut vor. Sie antworteten etwas schnippisch: „Na gut, aber schenken werde ich nichts, man kann ja nicht wissen, wie lange so was hält.“ Nicht dass es mich verletzt hätte, dass ich von denen nichts geschenkt bekommen habe, sondern es war die Art und Weise, wie sie es gesagt haben.

Ab da an habe ich weder von Tanten noch Onkeln jemals was gehört. Außer von einer Tante aus Bern, aber von der erzähle ich später.

Ich war von vier Kindern der Jüngste und habe seit vielen Jahren absolut keine Verbindung zu den Geschwistern. Was seine guten Gründe hat.

Fangen wir an bei der Zweitjüngsten, Ruth aus Unterseen. Für mich ist sie der Inbegriff von Lügen, Betrügen und Intrigen.

Dass sie reihenweise ihren Mann betrogen hatte, war mir im Grunde egal. Es war mir nur unangenehm, wenn die Typen wussten, dass ich der Bruder bin und sie mir eindeutige Informationen gaben.

Schon früh hat sie mit Betrügereien angefangen, indem sie während meiner längeren beruflichen Abwesenheit mit der Mutter zusammen mein Sparkonto plünderte: Sie schrieb sich mit meinem Namen und meiner Unterschrift eine Vollmacht und holte damit das ganze Geld bis auf den letzten Rappen von der Bank.

Sie war zwar dumm, aber nicht so dumm, dass sie nicht raffiniert genug gewesen wäre, sich mit allerlei Schummeleien durchs Leben zu schlagen. Längerfristige Anstellun-

Von links nach rechts: Vreni, unsere Mutter, Ruth und Ernst. Ein gemeinsames Bild von allen vier Geschwistern gibt es offenbar keins. Foto: M. Rubin

gen hatte sie nie. Meist nur Gelegenheitsjobs. Und wenn, dann hat sie am liebsten nur „schwarz“ gearbeitet.

Während meiner Selbständigkeit habe ich sie aus Mitleid, da sie schon seit langem arbeitslos war, in meinem Betrieb angestellt. Zuerst schien sie dankbar, aber dann schnell mal hat sie sich als Chefin aufgespielt und mich bei meinen Gästen als ihren „kleinen Bruder“ vorgestellt. Ich hatte gehofft, dass sie mich entlasten würde und im Betrieb eine tragende Rolle einnehmen könnte. Aber davon war sie weit entfernt.

In meinem Lokal war, damals noch erlaubt, ein Spielautomat. Ein sogenannter „einarmiger Bandit“. Mir wurde von verschiedenen Seiten zugetragen, dass Ruth, die Angestellte vom Service, während meiner Abwesenheit und in ihrer Arbeitszeit stundenlang an diesem Kasten hing und um Geld spielte. Das war nicht in meinem Sinn, und ich spürte, dass diese Frau ein großes Suchtproblem mit solchen Automaten hatte. Ich beendete das Arbeitsverhältnis, bevor ich ihr beweisen musste, dass sie mich betrog.

Sie heiratet Felix, einen Mann mit einer eher kleinen Invalidenrente, dessen Rente sie Monat für Monat für sich einsackte und verspielte. Da sie ein sehr dominantes Auftreten hatte, um ihre Dummheit zu überspielen, war Felix, der ein eher gutgläubiger Mensch war, ihr völlig ausgeliefert. Ab und zu gewann sie mal einen gewissen Betrag, dann lud sie ihren Mann großzügig ins Restaurant zum Essen ein und erzählte gerne von ihren Gewinnen. Der glaubte ihr auch noch jeden Mist, den sie ihm vorgaukelte und wusste nicht, wieviel Geld sie jeweils investierte, um einen relativ kleinen Gewinn zu erzielen.

Großzügig und pflichtbewusst übernahm sie die finanziellen Angelegenheiten unserer Mutter, als diese unweit von ihr in einem Altersheim unterbracht wurde.

Da niemand, auch von den Geschwistern nicht, bereit war, eine Pflichtkaution zu bezahlen, machte ich den Betrag locker, damit Muttern sorglos einziehen konnte.

Nach einigen Monaten reklamierte die Direktorin des Altersheimes, dass Ruth die monatlichen Kosten, die die Altersvorsorgeversicherung monatlich an Ruth überwies, nicht vollständig oder aber viel zu spät ans Altersheim überwiesen habe. Auf das Problem angesprochen, hatte Ruth immer eine Ausrede bereit und beschuldigte irgend eine Behörde, die das Geld zu spät überwiesen oder halt verschlampt hätte.

Die Mutter starb, zurück blieb ein Scherbenhaufen und ein großes Loch im Finanzausgleich vom Altersheim. Um die sechstausend Franken hatte meine Schwester von der Rente ihrer Mutter geklaut und verspielt. Bezahlt hat die Schuld an das Altersheim niemand, ergo hielten sie sich an meiner Kaution schadlos, und weg war das Geld.

Trotz eines Briefes an meine Geschwister war niemand bereit, sich auch nur mit einem Rappen an der Schuld zu beteiligen. Und Ruth, die Hauptschuldige, machte einen auf Insolvenz.

Ab da an kannte ich Ruth nicht mehr. Auch ihre Internetsucht, von der mir ihr Mann Felix klagte, den ich ab und zu heimlich traf, war mir egal. Sie sitze Tag und Nacht nur noch an ihrem PC, chatte, und habe kaum noch Zeit für ihn oder ihre Haushaltspflichten. So rasselte sie von einer Sucht in die andere.

Sie ist nicht nur dumm, sie führt auch ein unausgefülltes, labiles und schreckliches Leben. Armes Weib…

Vreni, die Zweitälteste, spielte gerne die Dame von Welt und das schon seit ihrer Kindheit. Sie gab schon sehr früh den anderen zu verstehen, dass sie was ganz besonderes sei. Natürlich immer ohne Fehl und Tadel. Sie erinnert mich stark an unsere Tante Frieda in Bern, die ich oben schon erwähnt habe.

Von dieser Tante Frieda muss ich was erzählen. Verheiratet mit Onkel Hans, der Schneider beim Bund (Militärbetriebe) war und Soldatenmützen nähen musste. Also ein eher langweiliger Job und natürlich nicht der gesellschaftlichen Stellung entsprechend, die Tante Frieda innehatte. Sie arbeitete im Bundeshaus, was natürlich für sie ein enormes Ansehen bei vielen ihrer Bekannten brachte.

Natürlich benutzte sie das Telefon in den verschiedenen Büros, um in der Weltgeschichte herumzutelefonieren. Ihren Gesprächspartnern gaukelte sie vor, dass sie um diese Zeit immer noch im Büro im Bundeshaus arbeiten würde. Was sie allerdings verschwieg, war, dass sie dort als Putzfrau angestellt war. – Ha, ha.

Ich erlebte sie und ihren Mann Hans drei Monate lang, da ich eine zwischenzeitliche Anstellung in Bern und eine Bleibe gesucht hatte. Großzügigerweise durfte ich im Wohnzimmer auf dem Sofa schlafen. Gegen Bezahlung natürlich. Großzügig aus dem Grund, weil weder Hans noch ich ohne wichtigen Grund dieses Zimmer betreten durften.

Hans Rettenmund war sein voller Name. Wohnhaft waren sie in einem Wohnsilo in der Wankdorffeldstraße 111 in Bern. Unweit vom Restaurant-Hochhaus entfernt, in welchem wir jeweils am Samstagabend Karten spielten. „Jassen“, heißt das in der Schweiz.

Hans, der die Woche durch kuschte wie ein Hund und den Launen seiner Frau total ausgeliefert war, wurde dann nach vier bis fünf Ballöndli (1 dl Wein = 1 Ballöndli) zum reißenden Wolf. Langsam steigerte sich das Ganze bis zu einem lautstarken und ausgewachsenen Streit zwischen den beiden. Nun kam der Hans in Fahrt und kanzelte seine Frau nach Strich und Faden nieder. Dabei ließ er keine Schimpf- und Tierwörter aus, die er Frieda an den Kopf warf.

Peinlich für mich war es, weil die anwesenden Gäste und das Personal alles Wort für Wort mithörten. Ab Sonntag war es dann wie vorher: Hans kuschte wieder bis zum Samstagabend.

An Frieda war absolut nichts „Anmächeliges“ zu finden. Dazu hatte sie ein Charisma wie eine Abfalltonne. Wenn sie ging, watschelte sie wie eine hochschwangere Bergente.

Bis auf einmal ein feuriger Neapolitaner auftauchte, ihr den Hof machte und sie mit seinem Charme besprühte. Frieda biss an wie ein hungriger Fisch und verliebte sich Hals über Kopf in den italienischen Charmebolzen. Ausschlaggebend könnte gewesen sein, dass Frieda plötzlich zum Model mutierte. Sie kam nach Hause, aufgedonnert wie eine Hollywood-Diva: die Haare strohblond gefärbt und zu einem riesigen Vogelnest hochgesteckt. Wenn sie lief, watschelte sie zwar noch immer, aber man hatte das Gefühl, es sei jetzt etwas eleganter. Eine Woche später streckte sie mir eine Frauenzeitschrift unter die Nase mit einer Reklame und einem „Vorher-“ und einem „Nachher-“ Bild. Es war ihnen zumindest bildlich gelungen, aus einer Hexe einen kleinen Star zu machen.

Da Tante Frieda eine sparsame Frau war, schon etwas auf die hohe Kante geschaufelt hatte, und sie dem Italiano wohl auch schon Einiges davon erzählt hatte, lud der sie und Hans nach Italien ein, um mit ihr das *dolce vita* zu genießen. Sie dürften in seinem Auto mitfahren, hatte er ihnen angeboten. Natürlich mit einer entsprechenden Beteiligung an den Fahrtkosten und „günstigem“Aufenthalt in seiner „Villa“ in Napoli.

Der Tag der Abfahrt kam und der Gigolo aus *bella Italia* fuhr mit einem Fiat 500 vor… – ha, ha, ha. Nun, die Reise war gebucht und zum Teil auch im voraus bezahlt. Also hieß es einsteigen mit viel Gepäck, wenig Stauraum und eng wie in einer Sardinendose. Nach zwei Tagen – verschwitzt, übellaunig und mit Rückenschmerzen – in Napoli angekommen, entpuppte sich die versprochene Luxussuite als Abstellkammer, und auch sonst lag alles im Argen.

Später erfuhr ich nur so scheibchenweise über ihren „Traumurlaub“, wie sie abgezockt wurden ohne nennenswerte Gegenleistungen. Ab da an war der süße Italiano kein Freund mehr der Familie Rettenmund. Mir war klar, dass Frieda einem Charmeur der übelsten Sorte aufgesessen war.

Frieda wusste es schon immer und hielt mit ihrer Aussage nicht hinter dem Berg, nämlich dass sie uralt werden würde und machte schon eifrig Pläne, wenn dann erst einmal der Hans die Löffel abgegeben hätte. Öfter kommt es anders, als man denkt. Frieda starb einige Zeit vor Hans.

Und nun kommt wieder meine Schwester Vreni aus Bern ins Spiel. Da Hans bettlägerig wurde und langsam aber sicher auf sein Ableben zusteuerte, ergriff Vreni die Gelegenheit, um dem armen Mann in seinen letzten Tagen „beizustehen". Auf ihr Drängen hin sollte Hans das ganze Vermögen inklusive dem teuren Schmuck von Frieda testamentarisch ihr überschreiben. Er versprach es zwar, aber anscheinend war ihm die liebe Nichte Vreni zu wenig integer. Hans machte ein Testament und verschrieb alles einer Frau, die sich auch ab und zu um ihn gekümmert hatte, aber natürlich nie mit so einem Engagement wie Vreni, die immer noch im Glauben war, dass bald alles ihr gehören würde.

Als Hans starb und Vreni von ihrem Schicksal erfuhr, brach ihre Welt mit einem Schlag zusammen, von dem sie sich nur ganz langsam erholte. Sie spie Gift und Galle gegen die, die sich am Schluss ins Fäustchen lachte und alles erbte. Auch ich konnte mir ein Grinsen nicht verkneifen!

Ich verzieh ihr Vieles. Zum Beispiel, als sie ein uneheliches Kind zur Welt brachte, es nicht mal sehen und schon gar nicht zur Brust nehmen wollte, um es gleich wie eine Ware wegzugeben. Das Kind wäre ihr nur hinderlich gewesen für ihr weiteres Leben, wurde mir weisgemacht. Auch dass sie meine Frau nicht mochte und eine Patenschaft für unseren erstgeborenen Sohn mit fadenscheinigen Ausreden ablehnte. Aber ihr heuchlerisches Getue gegenüber allen ging mir auf den Geist.

Voll in die gesellschaftliche Oberschicht kam sie durch die Heirat mit Pierre, einem Eishockeyprofi, der unter anderem auch beim SC Bern unter Vertrag stand und dessen Vater ein hohes Tier beim Militär war. Ein Ein-Sterne-General, sagte man mir hinter vorgehaltener Hand.

Nun also: Kinderlos und Doppelverdiener, so trat sie in die Fußstapfen von Tante Frieda, war fortan geizig und kümmerte sich einen Dreck darum, einen gewissen Teil der Kautionsschuld an mich zu bezahlen. Von da an war auch sie für mich verwandtschaftlich gestorben. Sollte sie an ihrem versnobten Reichtum ersticken!

Kommt noch der Älteste von uns Kindern an die Reihe. Ernst sein Name. Charakterlich sehr schwach, arbeitsscheu wie sein Vater, von Beruf Koch. Wie eigentlich fast alle von meinen Verwandten mit Namen Rubin, wollte auch er gerne bedeutend mehr darstellen, als er in Wirklichkeit war, denn in Wahrheit war er ein ganz kleines mieses Würstchen.

Da war oft ein Jahrzehnt Funkstille zwischen uns, dann war es der Zufall, dass wir uns mal wieder trafen. So geschehen Ende der 60er Jahre in Kriegstetten im Kanton Solothurn. Ich ließ mich in einem neu eröffneten Restaurant dort anheuern. Per Zufall kochte mein Bruder in einem Gasthof bei der Konkurrenz. Aber wie so oft nicht sehr lange, denn seine Herrschsüchtigkeit hielt niemand aus. Mit Schimpf und Schande wurde er dort rausgeschmissen. Da wir viel Arbeit hatten und unterbelegt waren in der Küche, ließ sich mein Boss erweichen und engagierte diesen eingebildeten Holzkopf bei uns. Wie bei allen meinen Geschwistern war auch ich bei ihm nur der kleine unbedeutende Bruder.

Ich war stellvertretender Küchenchef und hatte gegenüber ihm das Sagen. Unsere Zusammenarbeit stand unter einem schlechten Stern. Die Küchenarbeit dort war zwar interessant, aber mit enormem Stress verbunden. Es fing schon am zweiten Tag an, als mein „Bruderherz" versuchte, mich in meiner Position zu verdrängen und verbal anfing, sich über mich lustig zu machen und dumme und nicht angebrachte Witzchen riss, was ich zuerst großzügig ignorierte, bis mir am dritten Tag der Kragen platzte, ich ihn mitten im Service packte, was in eine ausgereifte Schlägerei zwischen ihm und mir ausartete. Was zur Folge hatte, dass er gleich wieder zusammenpacken und verschwinden musste. Dann war der Ofen für die nächsten zwanzig Jahre wieder aus zwischen uns beiden.

Ernst machte sich selbständig und nahm eine kleine Kneipe in der Stadt Solothurn in Pacht. Er überließ den Betrieb aber mehrheitlich seiner Frau und machte sich davon, um seiner Leidenschaft, Pilze zu sammeln, nachzugehen.

Er war sehr sparsam, vor allem seiner Frau gegenüber, die den Karren am Rollen hielt und nicht aufgab. Bewundernswert diese Frau, wenn man bedenkt, wie schlecht sie von diesem faulen Sack behandelt wurde. Da er keinen Führerschein besaß, musste ihn seine Frau an jedem freien Tag – und im Urlaub sowieso – herumkutschieren, in den Schwarzwald nach Deutschland oder irgendwo in Österreich, damit er seinem Hobby, dem Pilzesammeln, nachgehen konnte.

Auch ich wurde irgendwann selbständig. Ansonsten gab es keine Parallelen oder gemeinsame Interessen zwischen Ernst und mir.

Eines Tages tauchte er in meinem Restaurant auf und ließ verlauten, dass er nun genug Geld zusammengespart habe und auf die Philippinen auswandern würde. Er wäre jetzt 60, und 100.000 Franken sollten genügen bis zu seinem Pensionsalter, oder bis ans Lebensende. Seine Frau stimmte der Scheidung zu und war wohl froh, ihn los zu werden.

Dummerweise ließ ich mich auf einen Handel mit ihm ein, und er verkaufte mir irgendwelchen überteuerten Ramsch, der mir nichts als nur Ärger einbrachte. Zum Beispiel ein Bild, das nach seinen Angaben bei einem Verkauf mindestens 1.000 Franken bringen würde. Eine Standuhr, die auch einen Tausender einbringen würde, eine Zigarrenpresse aus Holz, die angeblich antik sein sollte, die aber irgendwann, da sich kein Interessent auf dem Antikmarkt fand, als Brennholz Verwendung fand. Das Bild habe ich immer noch, da mir eine Galerie nur zweihundert Franken geboten hat, und die Standuhr „verschenkte" ich für 250

Fränkli. Das beste war noch eine Münzsammlung, die mir immerhin fast 1.000 Franken einbrachte. Summa summarum ein totales Minusgeschäft, da er mir den ganzen Krempel für 10.000 Franken verkauft hatte.

Ernst richtete ein Konto bei einer Bank ein mit Vollmacht für mich, um während seines Aufenthalts in Manila seine anstehenden Rechnungen zu bezahlen.

Leider war das Geld, das er auf das Konto einbezahlt hatte, sehr schnell aufgebraucht, und die Bank, schlau wie sie sind, buchte fröhlich von meinem Geschäftskonto ab, ohne mich auch nur zu fragen. So läpperte sich Einiges zusammen, aber ich war überzeugt, dass Ernst über kurz oder lang seine Schulden begleichen würde. Auf meine Frage, wann er gedenke seine Schulden zurückzuerstatten, kam eine lapidare Antwort: Er habe einer Bekannten in Manila 20.000 Franken geborgen und die weigere sich jetzt, ihm das Geld zurückzuzahlen. Sollte er aber doch noch zu diesem Geld kommen, würde er mich dann als Dank auf die Philippinen einladen. Ich wollte aber nicht nach Manila, ich wollte mein Geld. Alsdann ist der Funkkontakt abgebrochen. Das heißt, er meldete sich nicht mehr und oder ging auf meine Forderungen gar nicht ein.

Nach einigen Monaten unternahm ich einen weiteren Versuch, an mein Geld zu kommen und schrieb ihm einen langen und ausführlichen Brief, appellierte an sein Gewissen und dass ich die Kohle sehr gut gebrauchen könnte für irgendwelche Investitionen

Etwa drei Monate später, es war mitten im Abendservice, und ich hatte alle Hände voll zu tun, kam ein Anruf vom Auswärtigen Amt der Schweiz mit der Information, dass mein Bruder verstorben sei, und ob ich die Kosten für eine Überführung in die Schweiz übernehmen würde!

Eine Episode mit meiner Verwandtschaft ging zu Ende, und ich war nicht gewillt, auch nur einen Cent für ihn auszugeben. „Soll er bleiben wo er ist, oder der Teufel soll ihn holen!", waren meine Gedanken.

Das war etwa drei Jahre nach unserer Hochzeit. (1972/73) Eine Woche nach Jugoslawien, wo wir unsere Flitterwochen verbrachten.

Doch, doch, ich finde auch: Wir waren ein fesches Paar… Fotos: M. Rubin

„Hart gegen sich und hart gegen andere" lohnt sich ab und zu

Zurück in die 70er Jahre. Kochlehrlinge gab's zu Hauf, wobei die allermeisten nach Abschluss der Lehre der Gastronomie den Rücken kehrten. Man konnte sein Geld auf angenehmere Weise verdienen und besser bezahlte Jobs bekommen. Außendienstmitarbeiter war das Schlagwort. Bei Maggi, Knorr, Hügli und anderen Großverteilern waren sie herzlich willkommen. Ebenso bei Versicherungen. Die Typen stolzierten über den Tag in Anzug, Krawatte und weißen Hemden durchs Städtchen, hingen in den Kneipen rum und machten auf dicke Hose.

Auf meine Frage, wie ihr Arbeitspensum denn so aussehe, bekam ich ein mitleidiges Lächeln und zur Antwort:

Das war die Küchenbrigade vom Hotel – Restaurant „Rheinfelderhof" in Basel. Ich bin der 7. von rechts und von links. *Bild: M. Rubin 1962*

„Och, am Morgen ein paar Telefonate, dann die Freizeit genießen und gegen Abend noch zwei bis drei Hausbesuche." Als Koch würde er nur die Hälfte verdienen, aber hier bekäme er Spesen ausbezahlt und ein eigenes Firmenauto stehe ihm zur Verfügung. Das klang alles sehr verlockend, und ich schimpfte mich innerlich: „Und DU Depp bleibst der Gastronomie, der Hitze und dem Stress treu!"

Einen mir bekannten Versicherungsdirektor fragte ich, warum dieser oder jener bei ihnen angestellt sei, da die schon in der Lehrzeit nichts getaugt hätten und ich mir kaum vorstellen könne, dass sich da was geändert habe. Die Antwort war ernüchternd: „Ach weißt du Max, wir nehmen wirklich jeden Deppen. Die ‚grasen' ihre ganze Verwandtschaft ab, machen den einen oder anderen Abschluss, und nach einem halben Jahr sind sie ‚ausgetrocknet', gehen freiwillig oder bekommen die Kündigung."

Das war eine klare Ansage. Ich blieb weiterhin in der Küche, obwohl man kaum noch Fachkräfte bekam und ich oft der einzige Schweizer im Betrieb war.

Träume und Albträume – meine anfänglichen Erfahrungen mit Frauen

Ein paar Jahre tingelte ich durch die Schweiz, jobbte mal hier, mal da – aber immer nur wenn's sein musste und bei mir die Kohle knapp wurde. Ansonsten ging es sehr wesentlich darum, aus dem Jüngling einen Mann zu machen und entsprechende Erfahrungen zu sammeln in Sachen Amore.

Trotz der Liaison mit meiner Jugendliebe Margrit waren die Frauen für mich in mancher Hinsicht immer noch ein Buch mit sieben Siegeln. An einige einschlägige Erlebnisse in diesem Zusammenhang erinnere ich mich noch gut.

Ich war in Interlaken zusammen mit ein paar Freunden in einer Kneipe gewesen. Der Alkohol war reichlich geflossen, und als der Wirt Feierabend gebot, konnte ich mich zwar noch gut auf den Beinen halten, aber in meinem Schädel brummte es wie in einem Bienenhaus. Plötzlich fand ich mich auf der Straße alleine mit einem mir unbekannten Mädchen, das mich noch zu einem Kaffee zu sich nach Hause einlud. Benebelt wie ich war, führte sie mich in ihr Gemach, legte mir ein Blatt Papier vor die Nase mit der Aufforderung, Name, Adresse und Datum einzutragen und rechts außen bitte zu unterschreiben. Auf dem Blatt waren bereits etwa ein Dutzend Namen verzeichnet, alles männliche. Da ich einige von ihnen kannte, fragte ich naiv, ob sie mit denen allen Briefverkehr habe.

Sie bestimmte die Gangart, wann, wie, wo und wie lange das Ganze zu dauern hatte, und forderte mich nach einer Stunde auf, mich anzuziehen und zu verschwinden.

Am nächsten Tag fiel es mir wie Schuppen von den Augen, und mir wurde klar, was es mit der Adressliste auf sich hatte. So eine Raffinesse ist mir danach nie mehr begegnet! Es ging offensichtlich darum, sich im Falle einer Schwangerschaft auf diese Weise abzusichern.

Den absolut lustigsten Sex hatte ich in Biel. Ein kleines Städtchen, das durch den Röschtigraben zweigeteilt wird. Der eine Teil spricht Französisch, der andere Deutsch. Das Wort „Röschtigraben“ wird oft von politischen Parteien verwendet, wenn sich bei Abstimmungen die beiden Sprachgebiete uneins sind.

Werner, genannt Werni, und ich arbeiteten im „Restaurant Rotonde“, er im Service und ich in der Küche. Werni war ein echtes Multitalent und ein ebenso guter Kumpel. Alle zwei Wochen organisierte er in der hauseigenen Bar einen Disco-Abend. Die Bude war jedes Mal brechend voll. Die Leute kamen von überall. Darunter waren regelmäßig zwei Mädchen von irgendwoher aus dem „Welschland“ –

so nennen wir die französische Schweiz –, die von Werni selbst „eingeflogen" wurden. Nach der Party war Vergnügen mit den beiden angesagt. So perfekt sie Französisch sprachen – sie konnten kein Wort Deutsch. Nun, mein Küchenfranzösisch genügte für eine minimale Konversation.

Die Verständigung funktionierte also. Doch kippte die Situation aus einem ganz anderen Grund bald völlig ins Groteske. Die eine der beiden Frauen war kitzlig. Nicht einfach so ein wenig, nein, egal wo ich sie berührte, sie zuckte zusammen wie bei einem Stromschlag. Was macht man da, wenn man zu zweit nackt im Bett liegt und bei jedem Versuch, einander näher zu kommen, fängt die Frau an zu schreien, zu hüpfen und zu lachen? Dieses Kreischen und Glucksen sorgte dafür, dass absolut keine Romantik aufkommen wollte.

Nach langem Hin und Her fanden wir doch noch einen Weg, ans Ziel der Begierde zu kommen: kontaktloser Sex! So etwas ist allerdings eine Herausforderung für beide Partner. Ich für meinen Teil kann sagen, dass ich dabei ein Steak essen oder ein Buch hätte lesen können. Diese Art von Liebelei ging dann auch sehr schnell zu Ende. Werni, der die weniger kitzlige Dame erwischt hatte, zeigte leider auch kein gesteigertes Interesse an einem Partnerinnentausch.

Eine eigenartige Vorliebe hatte Ursula, die im angrenzenden Hotel als Saaltochter* arbeitete. Mit ihrem schulterlangen, kastanienbraunen Haar und ihren rehbraunen Augen, die, so hatte ich immer wieder den Eindruck, mich mit verlangenden Blicken anschauten, war sie schon lange das Ziel meiner Sehnsüchte. Doch ich getraute mich nicht, ihr echte Avancen zu machen.

Als mir schließlich der Zufall zu Hilfe kam, nutzte ich die Gunst der Stunde. Wir, das Personal des Restaurants,

---

* So nennt man in der Schweiz eine weibliche Bedienung.

waren gemeinsam bei einer Sportveranstaltung, die im hoteleigenen Saal stattfand. Eine Amateurboxstaffel aus Italien trat gegen eine Auswahl vom Boxclub Biel an, welche wir auch lauthals unterstützten. Danach trafen wir uns draußen auf dem Gehsteig wieder, um noch zu den einzelnen Entscheidungen unseren Senf dazu zu geben und den einen oder anderen Entscheid zu kritisieren, – und plötzlich waren wir zu dritt alleine. Das heißt: Ursula, ihr vermeintlicher Freund, den ich zwar flüchtig kannte, aber keine Ahnung hatte, von wo er kommt, und ich. Zum ersten Mal konnte ich mich mit ihr unterhalten. Nur der Typ nervte mit seiner Eifersucht. Zuerst bei Ursula, aber als diese nicht darauf achtete, fing das Bubi an, mich dumm anzureden und zu beleidigen. Auf meine Frage, ob das ihr Freund sei, verneinte Ursula vehement.

In diesem Augenblick ging der Typ, rasend vor Eifersucht, zum körperlichen Angriff über. Jetzt kam mir mein gutes Training im Schwingen – eine Art Judo nach Schweizer Art – zugute. Ich drehte ihm seinen Arm auf den Rükken und nahm ihn in den Schwitzkasten. Je mehr er sich wehrte, desto mehr drückte ich zu, und das so lange, bis er aufgab und versprach, ohne Widerrede zu verschwinden.

Etwas konsterniert hatte Ursula dem Schauspiel zugeschaut. Sie entschuldigte sich wegen der Unannehmlichkeiten, nahm mich bei der Hand und sagte: „Komm, Max, ich lade dich zu einem Drink ein.“ Was ich natürlich mit Freuden annahm.

Da bereits alle Kneipen geschlossen waren, blieb nur noch Ursulas Wohnung übrig. Der Drink war nebensächlich und es dauerte nicht lange, bis wir uns im Bett wiederfanden.

Hier lernte ich die eigenartige Vorliebe von Ursula kennen: Schlecken, saugen, Sperma schlucken und ihren Mund befriedigen, das war ihr bevorzugter Liebesakt. Nicht nur an diesem Abend, auch an allen folgenden, an denen wir zusammen waren. Sobald sie bekam, wonach es sie gelüstete, hatte alles andere keine Bedeutung mehr. Ab diesem

Moment konnte ich mit ihr machen, was ich wollte – sie lag einfach da und ließ es ohne die geringste Beteiligung geschehen. Ab und zu mag das interessant sein, aber auf die Dauer wird es langweilig. Ich verließ Biel und somit auch Ursula.

Zurück in Interlaken, lief mir Sonja über den Weg und wir verliebten uns ineinander. Sie wohnte in einer Neubausiedlung unterhalb des Harderbergs in der „Goldei" bei ihren Eltern. Sie war klug, belesen und eine attraktive Erscheinung. Auf geistiger Ebene war sie mir weit voraus, dafür hatte ich in Sachen Lebenserfahrung mehr zu bieten. Aus diesem Grund wurde ich von ihren Eltern schon bald zum Essen eingeladen. Sie wollten mich einem ersten Test unterziehen. Es war eine richtige Beamtenfamilie, die nichts dem Zufall überließ und alles genau abwägte, um Überraschungen zu vermeiden. Auch was ihr geliebtes Töchterchen anging.

Schmusen, küssen und kuscheln, das war erlaubt. Sogar in ihrem Schlafzimmer durfte ich Sonja besuchen, wobei ich aber gewisse Spielregeln einzuhalten hatte. Ich musste neben ihrem Bett auf einem Stuhl Platz nehmen, genau einen Meter von ihr entfernt, und durfte mich ihr nicht nähern. Wenn doch einmal meine Hand auf Wanderschaft ging, wurde ich von Sonja sofort ermahnt, dass ihre Mutter das nicht – oder noch nicht – dulde. Sie verstand es, mich hinzuhalten, redete immer von Geduld und wie schön es dann sein werde. Immerhin hatten wir einige sehr interessante Gespräche, während sie im Bett lag und ich neben ihr auf dem Stuhl saß.

Einmal, nur ein einziges Mal, glaubte ich mich am Ziel meiner Wünsche, als meine Hand unter ihre Bettdecke schlüpfte und ich anfing, an ihr rumzufummeln. Kein Veto, keine Abwehr, Sonja ließ es geschehen, und ich streichelte sie mit der Hand, bis sie mit einem stillen Seufzer einen starken Orgasmus bekam. Nun wäre meine Zeit gekommen, dachte ich, streifte schon mal die Hose ab und wollte zu ihr ins Bett hüpfen. Aber just in diesem Moment erwachte Sonja aus ihren Träumen und wehrte mich vehement ab. Sie quasselte noch etwas von „hast deine Chance verpasst", während ich meine Hose wieder hochzog, in die Schuhe schlüpfte und wortlos das Zimmer verließ. Diesmal auf Nimmerwiedersehen.

Nicht immer waren es nur „Traumfrauen", mit denen ich meine Erfahrungen machen konnte: Sommersaison in den 1960er-Jahren an einem Seehotel. Im Service arbeiteten zwei junge Mädchen, die eine, Klara, groß und sehr schlank, die andere, Rosemarie, hübsch und gut proportioniert. Beide waren sehr nett und fleißig und trugen, wie damals üblich, sehr kurze Miniröcke. Diese waren so kurz, dass beim Einkassieren, wenn sie sich etwas nach vorne bückten, das Höschen hervorblitzte.

Bei schönem Wetter benutzte ich meine nachmittägliche Ruhepause an einer einsamen Stelle am See zum *dolce far niente*, las ein Buch oder versuchte mich im Fischefangen, wobei es allerdings immer beim Versuch blieb. Eines Tages tauchte plötzlich und unerwartet Klara hinter mir auf und fragte mich höflich, ob es mich störe, wenn sie sich zu mir setzte.

Natürlich hatte ich nichts dagegen, und wir unterhielten uns über Gott und die Welt.

Nein, nein, lieber Leser, liebe Leserin, ich habe Klara nicht verführt. Ich habe ihr nur angeboten, sollte sie mal nicht schlafen können, wisse sie ja, wo mein Zimmer wäre, und dieses sei Tag und Nacht geöffnet für sie. Ich dachte, das wäre klar genug und Klara würde davon Gebrauch machen. Wobei Rosemarie meine absolute Favoritin war, aber die Saison hatte ja erst begonnen.

Schon in der zweiten Nacht nach meinem Angebot hörte ich ein Knirschen des Holzbodens. Als ich die Augen öffnete, sah ich im Halbdunkel Klara vor meinem Bett stehen und hörte sie sagen: „Max, ich kann nicht schlafen, kann ich zu dir kommen?" Ich hob die Decke hoch und Klara schlüpfte zu mir ins Bett. Sie entschuldigte sich, dass sie nicht früher gekommen sei. Sie habe warten müssen, bis ihre Zimmerkollegin Rosemarie eingeschlafen sei, da unser Treffen geheim bleiben solle.

Das Wenige, was Klara an sich trug, war schnell ausgezogen und wir kamen gleich zur Sache. Ich würde nicht gerade von der Nacht der Nächte sprechen, alles ging eher schnell und unromantisch über die Bühne. Es war das erste und letzte Mal, dass ich mit Klara schlief. Sie war zwar nett und lieb, aber mager und knochig, nicht so sehr mein Fall. Zum Glück konnte ich mich ab und zu auch mit Rosemarie, meiner heimlichen Liebe, treffen – nachmittags in ihrem Zimmer, wenn Klara Dienst hatte.

War der „Überfall" von Klara zumindest nicht ganz unprovoziert, so lag der Fall, von dem ich jetzt noch erzählen will, ganz anders. Er spielte sich in einem Landgasthof irgendwo im Hinterland ab, in einem kleinen Dorf. Das Küchenpersonal bestand aus fünf Köchen und zwei Mitarbeiterinnen. Die eine war Spanierin, die andere vom Balkan, irgendwo aus dem damaligen Jugoslawien. Keine von beiden Frauen war ein Typ, der mich besonders gereizt hätte. Zudem war der Betrieb stressig, und wir wurden bis über unsere Grenzen hinaus gefordert. Die nachmittägliche Zimmerstunde von 14 bis 17 Uhr verbrachte ich meistens mit Lesen, Relaxen und, wenn nötig, auch einmal mit Schlafen.

Eines Nachmittags hörte ich ein leises Klopfen an meiner Tür. Erstaunt legte ich das Buch zur Seite, öffnete und war zuerst sprachlos. Es war Tatjana – die Jugoslawin. Auf meine Frage, aus welchen Gründen sie Einlass begehre, war ich ein zweites Mal erstaunt, als sie sagte „Ich wollte nur schauen, wie du so lebst und wohnst."

„Na, dann komm rein und schau dich um!", forderte ich sie auf, legte mich wieder aufs Bett und beantwortete ihre

Fragen. Sie setzte sich auf die Bettkante, wir plauderten belangloses Zeug, und plötzlich lag sie neben mir und schaute mich herausfordernd an.

Da ich Herausforderungen des weiblichen Geschlechts meistens annahm, wollte ich wissen, wie weit sie wirklich zu gehen bereit war. Wie man so anfängt: Man kitzelt hier, kitzelt da und achtet genau auf die Reaktion. Ihre zögerliche und halbherzige Abwehr, die eigentlich keine war, signalisierte mir: Ja, ich will, mach weiter.

So verzieh ich ihr die Störung, machte sie nackig und zeigte ihr, was ein Schweizer so drauf hat. Am Ende machte sie mich darauf aufmerksam, dass sie einen Freund hätte und ich nur ja niemandem von unserem „Bettgeflüster" erzählen sollte. Dann zog sich Tatjana wieder an und verschwand so still und unauffällig, wie sie gekommen war.

Die Tage vergingen und am dritten Tag „klöpfelte" es wieder an der Tür, aber diesmal musste ich gar nicht aufstehen, denn Tatjana huschte gleich ins Zimmer, verschloss die Türe, zog sich aus und legte sich zu mir ins Bett. Diesmal glich es wirklich einem „Überfall". Ich fackelte nicht lange und vögelte sie nach Berneroberländer Art. Auf jeden Fall schien sie zufrieden und verschwand nach einer Stunde wieder.

Wenn das Ganze nicht noch ein Nachspiel gehabt hätte, wäre es keine Geschichte wert gewesen. Aber es ging noch weiter! Zwei Tage später kam plötzlich die Chefin in die Küche, an ihrer Seite Tatjana. Ich bekam eine Abreibung, dass mir Hören und Sehen verging. Mir wurde vorgeworfen, ich hätte Tatjana sexuell belästigt, sie betatscht und ihr sogar an die Brüste gegriffen. Ich war sprachlos und konnte im Moment nichts erwidern. Hätte ich sagen sollten: Ja, ich habe ihre Titten gestreichelt? Wohl niemand hätte mir in diesem Moment die Wahrheit geglaubt.

So nach und nach erfuhr ich die Wahrheit. Tatjana hatte tatsächlich einen Freund, einen Albaner, der in der nahen Stadt in einem Schlachtbetrieb arbeitete. Plötzlich bereute sie ihren Fehltritt und hatte Angst, dass ich irgendjemandem was davon erzählen und sie dann große Probleme mir ihrem Liebhaber bekommen würde. Aus diesem Grund ergriff sie die Flucht nach vorne, zeigte mich bei der Chefin als Sexmonster an, in der Gewissheit, dass mir niemand mehr glauben würde, sollte ich die Wahrheit erzählen.

Wer will mir verargen, dass ich für lange Zeit den Menschen aus ihrem Heimatland mit einer gewissen Skepsis begegnete?

Zivilcourage

Dazu kommen mir zwei Begebenheiten in den Sinn, die sich in meiner Flegelzeit und kurz hintereinander abgespielt haben. Beide haben dazu beigetragen, dass sich mein Selbstwertgefühl gesteigert hat.

Erste Geschichte: Der Kraftprotz.

Feierabend und ich saß in einer Café-Bar in der Nähe vom Bahnhof in Bern. Wenig Gäste im Lokal, an der Theke war ich alleine, bis ein bulliger Kerl zwei Stühle neben mir Platz nahm und mich unbedingt in ein Gespräch verwickeln wollte. Er sei ein Fan von Bodybuilding, dabei krempelte er die Hemdsärmel hoch und präsentierte mir seinen Bizeps. Anerkennend klopfte ich ihm auf die Schulter und bestätigte ihm, dass ich sehr beeindruckt sei von ihm.

„Würg mich mal!“, sagte er zu mir und forderte mich auf, meine Hände um seinen Hals zu legen und zuzudrükken. „Du schaffst es nicht, mich zu würgen“, ermunterte er mich ein zweites Mal. Da ich in diesem Moment keine Lust auf Gewaltsspielchen und Kraftprahlerei hatte, legte ich nur widerwillig meine Hände an seinen gewaltigen Nacken.

„Nein, ich kann dich wirklich nicht würgen, du bist einfach zu stark“, war meine ehrliche Antwort.

Wie ein kleines Kind freute er sich, zog eine Karte aus der Tasche und erklärte mir, dass es ein Ausweis sei für irgend einen Meistertitel, und dass er seine Kraft nur in Notfällen und zur Selbstverteidigung einsetzen dürfe. Bald darauf verabschiedete er sich mit dem Hinweis, dass er im Bahnhof noch was zu erledigen hätte.

Nach gefühlten 20 Minuten stand er plötzlich wieder neben mir. Ganz außer sich und dem Weinen nahe. Was Schlimmes sei passiert, klagte er mir, und ob ich ihm helfen könnte. Etwas ungläubig sah ich den Muskelprotz an und fragte, was denn los sei. Mit weinerlicher Stimme jammerte er, dass zwei Halbstarke ihn am Bahnhof provoziert und dumm angemacht hätten. Daraufhin habe er ihnen den Sportausweis gezeigt, um sie zu beeindrucken. Die wollten ihn sich genauer ansehen, nahmen diesen an sich mit der Aussage, dass sie ihn nicht mehr zurückgeben würden! Er habe gebettelt und gedroht, aber nichts habe genützt. Die zwei hätten sich „dünn" gemacht und seien samt Ausweis abgehauen.

Nun war mir klar, dass das Volumen seines Hirns prozentual zu seiner Muskelmasse auf die Größe einer Haselnuss eingeschrumpft sein mußte. Ich kam in Rage und sagte ihm, dass er ein jämmerlicher Waschlappen sei, große Töne spucke, aber nicht fähig ist, zwei „Bubis" in den Schwitzkasten zu nehmen, um ihnen ein wenig Respekt beizubringen. „Geh mir aus den Augen, mit solchen Jammerlappen will ich nichts zu tun haben!"

So habe ich den Typen beschimpft, der mir zwar körperlich weit überlegen, aber geistig ziemlich unterentwickelt war.

Und was lernte ich daraus: Kraft alleine genügt nicht, ein wenig „Grips" im Kopf schadet nichts.

* * *

Zweite Geschichte: Eine Mutprobe.

Bald darauf passierte mir Folgendes. Bern, ein Samstag, früher Abend. Ich schlenderte etwas planlos durch die Stadt und wußte nicht so recht, was ich mit dem freien Abend anfangen sollte.

Eine Gruppe, etwa fünf, sechs gleichaltrige Typen kamen auf mich zu. Frohgemut, etwas überrissen – man spürte die Gruppendynamik – stoppten sie mich und luden dazu ein, mich ihnen anzuschließen. „Gerne, ich habe ja nichts vor und komme gerne mit." Was sie denn vorhätten, fragte ich. Na ja, so ein wenig rumlümmeln, die Stadt unsicher machen und so.

Ich ging mit der Gruppe mit und war froh, etwas Gesellschaft zu haben. Lustig und aufgestellt ging´s durch die Stadt. Mittlerweile war die Gruppe auf etwa zehn Leute angewachsen. Auch ein älteres, kleines mageres Männchen wurde ermutigt, sich uns anzuschließen.

Jemand rief: „Kommt wir gehen runter zur Aare, da gibt es immer was zu sehen". Als Info: die Aare ist ein Fluss, der in einem weiten Bogen die Stadt Bern umfließt.

Gesagt, getan. Ein schmaler steiler Fußweg führte durch einen lichten Wald hinunter Richtung Ufer. Ich lief hinter der Gruppe her, als ich einen dumpfen Schlag hörte. Ein „Auuua!" kam vom älteren Männchen her, und ich sah, wie der Hintermann nochmal zuschlug. Verwirrt schaute sich das Männchen um und wusste nicht, was ihm geschah.

Nun ließ die Gruppe plötzlich die Katze aus dem Sack und forderte Geld von dem Mann. „Gib deine Kohle raus! Was denkst du, warum wir dich mitgenommen haben? Aber mach dalli, sonst schmeißen wir dich in die Aare!" Der Mann versicherte, dass er absolut kein Geld habe, was ich auch vermutet hätte. Die Typen wollten es nicht wahrhaben und bedrängten den Mann immer mehr. Ich spürte, die machen ernst, und der Mann hatte kaum eine Chance, wenn sie ihn tatsächlich in den Fluss werfen wollten.

Ab da an nahm ich das Szepter in die Hand, drängte mich nach vorne und rief in die Runde: „Na Jungs, überlasst mir mal das Opfer! Ich werde mich um ihn kümmern." Über meine Selbstsicherheit war ich selber erstaunt, aber alles, was ich sagte und tat, war intuitiv und spontan.

Ich wollte dem Mann helfen aus dieser Scheißsituation rauszukommen. Aber wie? Ich packte ihn etwas unsanft am Kragen, um der Gruppe zu zeigen, dass ich auf ihrer Seite stehe und fing an seine Taschen zu durchsuchen. Wie ich vermutet hatte, war weder in seiner Börse noch in den Taschen irgendwas Verwertbares zu finden.

„Tja, Jungs, da habt ihr den Falschen geschnappt. Keinen Cent hat der Alte in der Tasche. Der ist ärmer als eine Kirchenmaus. Leider ist bei ihm nichts zu holen."

Ohne irgendjemand zu fragen, sagte ich zum Alten: „Du hast Glück heute. Ich gebe dir fünf Minuten Vorsprung, um zu verschwinden, aber mach keine Dummheiten, und hau ab! Das Männchen zischte in Richtung Stadt ab wie eine Rakete und ward nie mehr gesehen. Die Lage in der Gruppe entspannte sich. Alle lachten, als ich lauthals verkündete: „Dem habt ihr´s aber gezeigt!"

Langsam liefen auch wir Richtung Stadtzentrum und suchten die erst beste Kneipe auf. Zwei, drei Bier und ein paar dumme Sprüche später verabschiedete sich einer nach dem anderen. Auch ich bezahlte meine Zeche und begab mich im Schlepptau von zwei Typen aus der Gruppe nach draußen. Als ich mich von den beiden verabschiedete, sagte der eine zu mir: „Mäxu, (so mein Name unter Kollegen und Freunden), Mäxu, ich möchte gerne so sein wie du." Wauu, das hatte aber meinem Ego einen gewaltigen Schub gegeben. Das war für mich wie eine Überdosis Zuckerwatte. Das musste jetzt ganz langsam in meinem Kopf verarbeitet werden.

Jemand hatte gesagt, dass er so sein möchte wie ich! Ich, der selber oft an Mangel an Selbstvertrauen litt. Ich, der selber ständig auf der Suche nach Vorbildern war… Diese kleine Episode war für mein weiteres Leben von großer Wichtigkeit, und ich dachte noch sehr oft an sie.

Sexuelle Belästigung

Ich war jung, mittellos und unerfahren. Vor kurzer Zeit hatte ich meine Lehre als Koch – mehr oder weniger – erfolgreich abgeschlossen, und so suchte ich bald nach einer ersten Herausforderung in meinem Beruf.

Zu dieser Zeit schlug man dafür eine branchenbezogene Zeitung auf, schaute nach verlockenden Orten, wo man schon immer mal gerne hin wollte. Je nach Jahreszeit genügte meist ein Telefonat, und nach einem Tag Bedenkzeit konnte ich im ausgesuchten Betrieb nach zwei drei Tagen mit der Arbeit beginnen.

Was mich an diesem Inserat begeistert hatte, ich habe keine Ahnung mehr. Auf jeden Fall war es in einem Ort, wo ich im Traum nicht daran gedacht hätte, mal dorthin zu gehen. Winterthur, eine Industriestadt in der Nähe von Zürich, wo alle großen und wichtigen Firmen ansässig waren.

Ein Jungkoch wurde gesucht in einem Frauenteam. War es das, was mir ins Auge gesprungen war? Kann sein, heute weiß ich es nicht mehr. Ein Griff zum Telefon, eine Frau Oberin wurde an den Apparat geholt, und wir vereinbarten ein Treffen in ihrem Haus in Winterthur.

Wenn ich schon zu einem Vorstellungsgespräch fuhr, dann musste ich mindestens die Reisespesen vergütet bekommen. So war es vereinbart.

Ich war echt interessiert an dieser Anstellung und fuhr am nächsten Tag Richtung Zürich-Winterthur. Der Bus brachte mich an den Stadtrand und spuckte mich vor einer hellgrauen, noblen Villa aus. Es war ein altes, aber schönes, dreistöckiges Patrizierhaus. Ein großer und gepflegter Park mit Garten zeigte sich in seiner schönsten Pracht. Ein sehr hoher Metallzaun sollte wohl vor ungebeten Gästen schützen. Aber auch vor Ausbrechern, wie sich später zeigte.

Ich klingelte und das Surren der elektrisch betriebenen Gartentür zeigte mir an, dass ich eintreten durfte. Schon kam mir eine dienstbeflissene Dame auf der Treppe entgegen und bat mich freundlich ins Foyer, bot mir auf einem Stuhl Platz an und entschuldigte sich mit den Worten: „Ich werde sie bei der Frau Oberin anmelden." Die Frau Oberin ließ sich Zeit, und ich konnte mich auf eine optische Inspektion begeben.

Ein langer, weiß getünchter Flur mit beidseitig vielen Türen, die in einem hellen Grün gestrichen waren. Und alles war klinisch sauber, was von Zucht und Ordnung zeugte. Ab und zu ging eine Türe auf und ein Nursen-ähnliches Wesen trat auf den Gang, blieb kurz stehen, beäugte mich, lächelte mich an und begrüßte mich überfreundlich. Alle trugen uniformmäßig weiße Schürzen und knöchellange Röcke. Die einen hatten Rüschen an den Schürzenträgern, andere nicht. Hatte möglicherweise etwas mit der Hierarchie dort zu tun.

Die Oberin kam mit Gefolge heraus und befreite mich für einen Moment von der personellen „Fleischbeschau", wie ich diese lüsterne Betrachtung empfand, indem sie mich in ihr Sitzungszimmer führte.

Die drei Damen informierten mich über die Gepflogenheiten und über die Institution des Hauses. Für ca. 30 Leute hätte ich zu kochen. Natürlich in einem Team von einigen Frauen, die mir zur Hand gingen. So langsam bekam ich einen Eindruck, um was für Frauen es sich hier handelte. „Gefallene Engel", oder wie soll man sie nennen, die mit dem Leben alleine nicht zurecht gekommen waren. Das erklärt mir auch den hohen Zaun um die Liegenschaft und die elektrisch abgesicherte Türe.

Mir fiel auf, dass die zwei Begleitdamen mich unentwegt und ohne Hemmungen musterten. Die Fleischbeschau ging also weiter und hatte den Höhepunkt noch nicht erreicht, wie ich erfahren musste. Denn jetzt führte mich das Trio in die Küche, und fünf Augenpaare musterten mich von oben bis unten und nahmen mich auch gleich in Beschlag: Eine nach der anderen musste mir unbedingt dieses und jenes zeigen und erklären. Die eine führte mich zu den Kühlschränken, die andere in den Kartoffelkeller. Auf diese Weise wurde ich von der einen zur anderen weitergereicht, und jede fand es unheimlich wichtig, mich für einige Minuten in Beschlag zu nehmen. Überfreundliche Erklärungen und „unbeabsichtigten" Körperkontakt von den Damen nahm ich gelassen hin und gab vor, enormes Interesse an allem zu haben.

Langsam aber sicher wurde es für mich zu einem Spießrutenlaufen, weil ich auch noch in die Wäscherei und Gärtnerei geführt wurde und überall mit diesen begehrenden

Diesen jungen und unschuldigen Burschen wollten die lüsternen Frauen vernaschen.
P.S.: Dieser Wandteppich, den ich überall hin mitgenommen hatte, hängt jetzt nach 55 Jahren in unserem Schlafzimmer.
Foto: M. Rubin

Blicken verabschiedet wurde. Ausgezogen, nackt kam ich mir vor, und doch musste ich irgendwie Haltung bewahren. Ich konnte nicht einfach abhauen und flüchten vor so viel Begierde und Sehnsucht nach (männlicher) menschlicher Wärme und Zuneigung.

Natürlich, auf der einen Seite genoss ich es, der Hahn im Korb zu sein, auf der anderen Seite wuchs mir das Ganze über den Kopf, weil mir einfach die Erfahrung fehlte, wie man(n) mit solchen Situationen umgeht.

Die Leitung rechnete stark damit und war sich sicher, dass ich die Stelle annehmen würde. Ich verabschiedete mich mit der Zusage, dass ich es mir noch für einen Tag überlegen und ihnen dann am nächsten Tag telefonisch Bescheid geben würde.

Auf der Fahrt nach Hause Richtung Interlaken schwirrten mir tausend Gedanken durch den Kopf. Was suchen die eigentlich, einen Koch, einen jungen Mann für alle Fälle? Was ist, wenn ich mit der einen was anfange, sind dann alle anderen enttäuscht? Was ist, wenn sogar die Frau Oberin mir signalisiert, dass sie Interesse an mir hat? Alles Fragen, die mich nur verwirrten und auf die ich keine Antwort fand.

Noch nicht in Interlaken angekommen, wusste ich, dass ich diese Herausforderung nicht annehmen würde, weil ich fürchtete, dass zu viel Streit, Eifersucht und Intrige im Spiel und ich wohl mit all dem überfordert sein würde.

Am nächsten Tag fand ich leider nicht dem Mut, mich zu melden, und meine Entscheidung mitzuteilen.

Viel später musste ich grinsen über mich selber und dachte dabei, wieviel „Frau“ mir da wohl entgangen ist.

Heute denke ich: „Mann, warst du ein Feigling! Mindestens ausprobieren hättest du es sollen!“

Religion

Ich bin keinem Gott, keinem Allah oder sonst was Himmlischem verpflichtet.

Ich halte es wie Andreas Altmann in seinem Buch: „Das Scheißleben meines Vaters, das Scheißleben meiner Mutter und meine eigene Scheißjugend“, und bin mit dem, was er darin schreibt, völlig einverstanden. Meine Meinung über die Religion läßt sich so zusammenfassen, dass ich von dem ganzen Humbug nichts halte. Leute, die diese Geschichte „überliefert“ haben, und Leute, die das Ganze irgendwann versucht haben, aufzuschreiben und es „Bibel“ nannten, sind meiner Meinung nach die besten Märchenerzähler.

Natürlich bin ich mit allen einverstanden, die sagen: jeder glaubt an etwas. Auch ich glaube an was. In erster Linie an mich selbst, und dann an Menschen, die mir nahestehen und für mich sehr wichtig sind.

Immerhin bin ich, was die Religion angeht, sehr tolerant. Ich gönne jedem seinen Glauben, solange er / sie mich nicht davon überzeugen will, dass nur ER, und nur SEIN Gott das Beste auf dieser Erdkugel sei. Einzig mit den Extremisten habe ich Mühe, die sich gegenseitig abschlachten, um ihres Gottes willen.

Angefangen hat es mit meiner Ungläubigkeit während der Schule, als im Religionsunterricht der Pfarrer uns mit der Bibel in der Hand verprügelt hat, als wir alles andere im Kopf hatten, als seinem „Geschwafel“ zu folgen. Trotzdem bekam ich, ohne je etwas zu lernen, die Höchstnote im Zeugnis. Woraufhin ich oft in ironischer Weise zu sagen pflegte: „Ich sollte mal Pfarrer werden…“ – Ha, Ha!

All diese bigotten Leute widerten mich an. Wenn zum Beispiel jemand verunglückte im Dorf, wussten die Leute sofort Bescheid, wie das hatte passieren können. Man hörte, er hätte ja oft am Sonntag dieses oder jenes gemacht, was man nicht hätte machen sollen. Oder er/sie wäre ja kaum in die Kirche gegangen, oder hätte sogar einer anderen Glaubensgemeinschaft angehört.

Einige versuchten mit großzügigen Spenden an die Kirche, sich einen Platz im Paradies zu sichern.

Heute bin ich froh, die Zeit nicht in irgendwelchen Tempeln oder Kirchen „verplempert" zu haben.

Berufe und Berufungen

Von der zweiten bis in die neunte Klasse war ich Landwirt, besser gesagt Knecht. Danach begann ich eine dreijährige Lehre als Metzger, die ich mit Diplom abschloss. Anschließend stieg ich in die Gastronomie ein und erlernte meinen Traumberuf als Koch, dem ich fast vierzig Jahre treu blieb.

Zwischendurch mal ein halbes Jahr in einer VW-Werkstatt um etwas Geld zu verdienen.

Danach tingelte ich als Koch durch die Schweiz. Irgendwann heiraten, Familie und Kinder. Meine Frau maulte,

*Wintersaison im Jahr 1962/1963. Die Küchenbrigade vom Sporthotel in „Saanenmöser". In der Mitte ein Schweizer Küchenchef, links außen bin ich, neben mir drei deutsche Kollegen.
Zu dieser Zeit kamen deutsche Köche in Scharen in die Schweiz. Der Lohn war nicht verlockend, aber wer ein Arbeitszeugnis aus der Schweizer Gastronomie vorweisen konnte, dem brachte das einen großen Vorteil für seine Karriere. Er war auf der ganzen Welt willkommen.* Foto: M. Rubin

Hotel Spiezerhof in Spiez. Hier machte ich in der Sommersaison meine Kochlehre. Ich war der einzige Schweizer in der Küchenbrigade. Der Küchenchef plus fünf Köche kamen aus Deutschland, was oft für mich nicht einfach war. Mit dabei waren fünf Italiener als Hilfspersonal. Von ihnen profitierte ich, denn ich konnte so auch die italienische Sprache erlernen. Foto: M. Rubin

dass sie am Sonntag mit den beiden Jungs immer alleine spazieren müsse, bedingt durch meinen Beruf. Ich versprach Besserung und schaute mich um.

In einer Flachschleifmaschinenfabrik mit etwa 30 Arbeitern und einer Produktion von etwa 50 Maschinen pro Jahr, die in alle Welt verschickt wurden, kam ich unter. Was war das für ein Wahnsinnsgefühl, zwei Tage frei pro Woche und punktgenau Feierabend zu haben! Und nicht wie in der Küche, wenn noch kurz vor Feierabend zehn Leute zum Essen kommen und quer durch die Speisekarte bestellen. Da waren unbezahlte Überstunden die Regel.

Kurze Anlehre, dann ging's los, und erst mal ging es sehr harzig. Es war ja ein ganz neuer Beruf für mich. Verschiedenartige Metalle, die zu verarbeiten waren und im Mikrobereich zurecht geschliffen werden mussten. Höchste Präzision war gefragt, aber das schöne war, ich hatte keinen Stress und konnte mich in Ruhe einarbeiten, obwohl ein großer Bedarf an geschliffenen Teilen war, da anscheinend die Maschine über längere Zeit still gestanden hat und sich kein Schleifer gefunden hatte.

Schon bald musste ich Samstagschicht einlegen, was ich aber mit großer Freude machte, da die Belegschaft meine

Arbeit schätzte und man mich bald als vollwertiges Mitglied anerkannte. Da ich es seit vielen Jahren als Küchenchef gewohnt war, Befehle zu erteilen und die Brigade nach meiner Pfeife tanzen musste, war ich doch erstaunt, dass ich mich als Befehlsempfänger integrieren konnte.

Es kam mir zugute, dass ich eine eigenständige Arbeit hatte und nur den Werkstattchef als meinen Vorgesetzten hatte. Neben ein paar kleineren Bohrwerken gab es noch zwei riesige Bohr- und Fräswerke. Die eine hieß STAMA und war eine CNC (*Computerized Numerical Control*) gesteuertes Ungetüm, das mit acht verschiedenen Werkzeugen gleichzeitig bestückt werden konnte. Gesteuert wurde das ganze mit einem Lochkartensystem, das zuerst anhand der Zeichnung des zu bearbeitenden Werkstückes, jede Bewegung mit XYZ, also drei Achsen, in den Computer eingetippt werden musste.

Ich erzähle das, weil zirka nach einem halben Jahr der Vizedirektor zu mir kam und meinte, dass ich auch für grössere Aufgaben Talent habe, und ob ich nicht Lust hätte, auf der STAMA zu arbeiten. Oh, oh, da war ich echt überrascht. Vielen Dank für das Angebot und das Vertrauen, aber wie sollte ich als Ungelernter sowas bedienen können? Zudem sah ich, wie der damalige Mechaniker immer irgendwelche Probleme hatte, die Maschine tagelang still stand, weil das Programm nicht stimmte.

Dieser Optimismus vom „kleinen Direktore" kannte keine Grenzen, und er glaubte tatsächlich, ich würde es schaffen und auch lernen, mit dem Vehikel und der Steuerungstechnik umzugehen. Entscheiden sollte ich mich so schnell wie möglich, denn zum einen wollte er diesen Mann auf der STAMA weg haben, und würde ich nicht zusagen, müsste er eine Anzeige aufgeben, um einen geeigneten Mann zu finden. Noch kurz eine Unterredung mit dem Werkstattchef, um seine Meinung zu hören, dann sagte ich voller Optimismus zu.

Der Start war nicht nach meinen Wünschen, da ich vom Chef nicht die nötige Unterstützung bekam wie erwartet. Was daran liegen konnte, dass er gekündigt hatte und selbst weg wollte. Nun kam der Zufall ins Spiel in Form eines meiner besten Freunde, der die Meisterprüfung im Maschinenbau absolviert und bestanden hatte. Ein Besuch bei ihm, und mit meiner Überzeugungskraft schaffte ich es, dass er sich bei uns bewarb. Mit Erfolg, wie sich einige Tage später herausstellte. Nun hatte ich den richtigen Partner an meiner Seite, der mir alles mit einer Engelsgeduld, soweit nötig, beibrachte. Plötzlich bekamen die Begriffe wie Sinus, Kosinus und Hypotenuse ein Gesicht. Innerhalb eines Jahres lernte ich so viel, dass für mich das Programmieren ab Zeichnung kein Problem mehr war. So war ich glücklich und zufrieden und ging mit Freuden zur Arbeit. In keinem Moment vermisste ich die Gastronomie und sehnte mich auch nicht zurück in die Küche.

Nach fast drei Jahren war der Wurm drin in der Bude. Mein Freund und Vorgesetzter wurde rausgemobbt und das Jahresabschlussfest für das Personal wurde wegen unsicherer wirtschaftlicher Lage abgesagt, obwohl wir gegenüber dem Vorjahr eine Umsatzsteigerung erzielt hatten. Personal wurde abgebaut und nicht nur ich bekam die Kündigung, sondern auch langjährige Arbeitnehmer mussten um ihren Job bangen.

Punktgenau zur richtigen Zeit wurde der Direktor einer Laserfirma auf mich aufmerksam und offerierte mir eine Anstellung als Computer-Operator, da die ganze Lagerbewirtschaftung und alles andere auf Computer umgestellt werden sollte.

Ehrlich gesagt, machten es mir die Leute nicht leicht und ich mir selber auch nicht. Immer wieder stand ich vor einer neuen Herausforderung, vor allem von Dingen, von denen ich keine Ahnung hatte. Auch diesmal reizte mich die Sache und ich nahm an.

Nach einer Woche Schnellkurs bei IBM in Zürich hatte ich nur einen Schimmer von Computertechnik bekommen. Das war eben nochmal ein Quantensprung vom Loch- zum Magnetband. Mitte der 80er Jahre steckte das ganze noch in den Kinderschuhen. Ich stand oft vor einem Nervenzusammenbruch und kam mir vor, wie ein Affe der auf eine senkrechte Stange klettern sollte die mit Öl eingeschmiert war. Samstags- und Sonntagsarbeit war wieder Pflicht, bis ich einigermaßen die neue Materie begriff.

Diesmal hatte ich es bedeutend schlechter getroffen mit meinem Vorgesetzten. Aus welchen Gründen auch immer war er mir nicht gut gesonnen und sehr darauf bedacht, dass ich immer wieder an irgendwas scheiterte.

Für die Installation des Computers musste ein riesiger Aufwand betrieben werden. Ein klimatisierter Raum, der nie wärmer als 20° Celsius war, um das Ungetüm runter zu kühlen. Der Speicher war von voluminösem Umfang und so schwer, dass es eine spezielle Hebebühne brauchte, um das Ding an seinen Platz zu transportieren. Für den Drucker brauchte es drei starke Männer, und auch für den Bildschirm genügte ein Mann nicht.

Die Kapazität des Computers konnte leider den riesigen Ausmaßen nicht standhalten und war sehr schnell am Anschlag. Täglich und jeden Abend musste ich eine Gesamtsicherung durchführen, was oft Stunden dauerte, und bei Problemen war ich froh, noch vor Mitternacht nach Hause zu kommen. Es war nicht nur für mich, es war für die ganze Belegschaft eine wahnsinnige Umstellung, bei der der eine mehr, der andere weniger Probleme hatte.

Lasermaschinen für Augen-OPs waren ein gefragter Artikel und neu auf dem Markt. Aus diesem Grund interessierte sich eine amerikanische Firma und bestellte großzügig 150 Maschinen in drei Lieferungen zu 50 Stück. Doch bestellt ist noch nicht gekauft. Gekauft wurden schlussendlich ganze fünf Stück! Auf diese Weise ging die Bude beinahe Bankrott und der größte Teil der Belegschaft musste gehen. Auch ich wusste, dass es mich erwischen würde und schaute mich schon mal um.

Der Direktor von der ehemaligen Firma bekam Wind davon, dass ich wechseln wollte und offerierte mir die Stelle als Lagerchef. Ergo wechselte ich wieder an meinen alten Arbeitsplatz.

Das Lager war in einem erbärmlichen Zustand. Von der kleinsten Schraube bis hin zum tonnenschweren gusseisernen Maschinenblock war alles mit einer neunstelligen Nummer versehen. So um die 2.000 Teile braucht es, um eine Schleifmaschine zusammenzubauen. Das Problem war, dass nur die Alteingesessenen wussten, wo was zu finden war in der riesigen Lagerhalle. Es war einfach kein System ersichtlich, und dem wollte ich abhelfen. Um dem Chaos ein Ende zu bereiten, begann ich – trotz Protesten von einigen wenigen Mitarbeitern – dem Ganzen ein System zu verpassen. Die Teile wurden mit aufsteigenden Nummern eingelagert, so dass sich auch ein Neuling auskennen würde.

Das sogenannte „Brahms-Rösi", das 1933 zu Ehren von Johannes Brahms geschaffen wurde. Im Hintergrund mein erstes Restaurant, das Restaurant „Hirsbrunner chez Max", das ich fünf Jahre lang in Pacht führte. Foto: M. Rubin

Nach einem Jahr war das Werk vollendet, und just in diesem Moment kam eine Anfrage von einem Wirte-Ehepaar, ob ich nicht Lust hätte, ihr Restaurant zu übernehmen, da sie in Rente gehen wollten.

Wow – nach sieben Jahren Gastro-Abstinenz wieder einsteigen? Ehrlich gesagt, sehr große Lust hatte ich nicht, weil ich mich an die freien Wochenenden schon gewöhnt hatte. Mit Familie am See entlang flanieren, mit Freunden in die Berge, klettern, Skifahren, und das sollte ich plötzlich aufgeben?

Ich war mir nicht schlüssig, wartete ab und ließ mir Zeit. Nach drei Monaten wurde mir das Messer an den Hals gesetzt, und ich musste mich sofort entscheiden.

Trotz Protesten meiner holden Ehefrau sagte ich „Ja" und freute mich auf die neue Aufgabe. Aber was genau alles auf mich zukommen würde, wusste ich zu diesem Zeitpunkt noch nicht. Könnte sein, dass ich auf das Abenteuer nie eingegangen wäre, wenn ich es gewusst hätte (alternativ: auch nur geahnt hätte). Aber nun war ich mein eigener Chef und das zählte für mich am allermeisten. Nicht mehr Malochen für andere und sie noch reich machen damit.

Einstieg in die Selbständigkeit

Zuerst mal ging es um die Finanzen. Wo hole ich schnell 20.000 Franken her, die ich für das Inventar aufzubringen hatte. Also löste ich meine Pensionskasse auf, die in etwa diesen Betrag hergab. Ein Datum wurde festgelegt, und schon bald sollte es losgehen. Ich war schon in den Startlöchern, als der Amtsschimmel zu wiehern begann und mich vehement stoppte. „Halt halt, Herr Rubin, so können Sie den Betrieb nicht aufmachen, da sind noch einige Hürden zu bewältigen!", wurde ich belehrt. Eine Betriebs- und Hygienekontrolle seien unumgänglich. Zudem bekäme ich keine Bewilligung zum Führen eines Gastronomiebetriebes wegen des fehlenden Patentes.

Ja, das Patent war so eine Sache. Drei Monate lang hieß es, täglich in Bern die Gastronomieschule zu besuchen, mit einer abschließenden Prüfung in etwa 15 Fächern. Was 41 Kilogramm Papierstoff zum Auswendiglernen bedeutete.

Nach allen Kontrollen, vielem Palaver mit Beamten, dazu die Vorweisung eines Anmeldepapieres in Bern zum Wirtekursus, bekam ich die Betriebsbewilligung und konnte termingerecht eröffnen.

Der Start war perfekt. Bude voll und zufriedene Gäste. Das Personal für Service, Küche und Putzfrau kamen nach und nach und wurden von mir ausgebildet, da sie alle junge Neueinsteiger waren. Alle machten mit, waren fleißig und mit Begeisterung bei der Sache.

Auch meine Frau Inge, die sich anfänglich gesträubt hatte und von meiner Idee alles andere als begeistert war, half fleißig im Betrieb mit. Was auch von großer Wichtigkeit war, denn schon zwei Monate nach der Eröffnung bekam ich von Bern die Mitteilung, dass demnächst ein neuer Kurs starten würde und ich die Wirteschule zu besuchen hätte.

Das war heftig. Kaum hatte ich die Anfangsprobleme im Griff, kam schon der nächste Hammer. Für drei Monate sollte ich im Betrieb abwesend sein, wie sollte das gehen? Ich machte mich auf die Suche nach Ersatz und fand einen Koch, der in dieser Zeit frei war, weil er einen Sommerbetrieb führte. Ich stellte ihn als Geschäftsführer und Koch ein und seine Partnerin in einer 50%-Anstellung im Service. Mit allen anderen Angestellten sollte das ohne Probleme funktionieren. Ergo übergab ich das Szepter und meldete mich für etwa 100 Tage ab.

In der Schweiz hatte jeder Kanton seine eigenen Gesetze in Sachen Wirtefachschule. Der Kanton Bern hatte das Gefühl, er müsse eine Vorbildfunktion ausüben, demzufolge waren auch die Kurse besonders streng. Ich kam weit über meine Grenzen in psychischer und physischer Leistung hinaus.

Von den Schülern wurde eine Topleistung erwartet, aber das Niveau von einigen Lehrern ließ stark zu wünschen übrig. Wie zum Beispiel beim Kursleiter für Buchhaltung. Das einzige, was er konnte: den Leitfaden runter lesen, aber keine Fragen beantworten. Er mochte vielleicht ein guter

Buchhalter gewesen sein, aber als Lehrer war er untauglich. Da ich mit großer Mehrheit als Klassenchef gewählt wurde, nahm ich die Interessen der Kursteilnehmer wahr, und als es auch in der dritten Lektion keine Besserung gab, ging ich ins Direktionsbüro, um mich laut und deutlich über die Unfähigkeit dieses Lehrers zu beschweren. Die Obrigkeit war nicht begeistert von meiner Attacke, doch immerhin hatte ich erreicht, dass der Buchhalter fristlos suspendiert und ein neuer Lehrer engagiert wurde.

Es gab noch eine weitere Reizfigur, die ich als dumm und skrupellos bezeichne. Es ging um die Küchenrendite, und der tolle Referent erklärte uns, wie man die steigern kann, indem man die Gäste betrügt und die Steaks immer etwas kleiner schneidet als auf der Speisekarte angegeben. Am Schluss erklärte ich ihm dann, dass ich eine solche Schummelei in meinem Betrieb nicht dulden würde und seine Empfehlung ein schlechtes Beispiel wäre. Somit hatte ich einen mehr auf der Habenseite, der mich nicht mochte. Die Macht und die volle Härte bekam ich von der Obrigkeit bei den Prüfungen zu spüren. Aber davon später.

In der Parallelklasse, in der eine Sennerin mit dabei war, zeigte sich der ganze Blödsinn von der Gesetzgebung, dass der Hinterste und Letzte, der irgendein Lebensmittel verkauft, den ganzen Kurs absolvieren muss. Die Sennerin, die eine kleine Alpwirtschaft hatte, etwas Käse und Butter produzierte und nebenbei noch eine Suppe oder eine Röschti den hungrigen Wanderern verkaufte, musste nun die amerikanisch doppelt geführte Buchhaltung, hunderte von Gesetzes- und Hygienevorschriften, Betriebs- und Personalführung, sowie schwierige Kalkulationsrechnungen auswendig lernen. Dazu sämtliche Weingebiete aus der Schweiz, Frankreich, Italien und Spanien, und die dazu gehörenden Wein- und Rebsorten wissen.

Die Frau, die bis dahin ohne Fehl und Tadel mit einem kleinen Einkommen gearbeitet hatte, hatte keine Chance, auch nur einen Bruchteil der Prüfungen zu bestehen. In einer Mittagspause saß ich mit dem Direktor der Schule an der Bar, und der erzählte mir von dem Problem. Ich empfahl ihm, mal über seinen eigenen Schatten zu springen, den gesunden Menschenverstand einzuschalten und der Frau die Prüfungsnoten so zu geben, dass sie durchkommt und mit dem Diplom nach Hause geht. Da stand eine Existenz auf dem Spiel. Zudem war das Ganze nicht billig. Drei Monate Arbeitsausfall, plus die Kursgebühr von 3.500 Franken. Wie ich später gehört habe, hat sie die Prüfungen knapp bestanden, und mein Wunsch ging in Erfüllung.

Nicht ganz so, aber ähnlich war es in unserer Klasse. Bevor man zu einem Kurs zugelassen wurde, musste man einen handgeschriebenen Lebenslauf einreichen, was ja für die meisten auch kein Problem ist. Nicht aber für unseren Spezialfall. Obwohl Schweizer, wurde sein Ersuchen abgelehnt mit der Empfehlung, vorerst einen Deutschgrundlehrgang zu besuchen. Da das Ganze von einer Versicherung „gesponsert" wurde, weil der Kandidat einen Arbeitsunfall hatte und wieder in die Gesellschaft eingegliedert werden sollte, gab es einen Gerichtsentscheid, der besagte, dass es diskriminierend sei und man den Hans in den Kurs aufzunehmen hätte. Bei einer schriftlichen Zwischenprüfung gab ihm der Lehrer sein Blatt wieder zurück mit dem Vermerk, dass er diese Arbeit nicht benoten könne.

Etwas weinerlich kam Hans dann zu mir in der Hoffnung, dass der Klassenchef ihm behilflich sein könnte. Ich sah mir die Sache an und musste feststellen, dass auch ich, in dem Einzeiler, außer zusammenhangloser Wörter nichts fand, das ich verstehen konnte. Mit dem Blatt in der Hand ging ich zum Lehrer und bat ihn, ihm mindestens die schlecht möglichste Note zu geben. Was er auch tat und der Hans damit zufrieden war. Hans konnte lesen, aber nicht verstehen, beim Schreiben war er zu 90% Analphabet. Zwei Sachen die er aber vorzüglich konnte: das eine war, während des Unterrichts schlafen – und das andere, sich jeden Abend vollaufen zu lassen. Bier war sein Lieblingsfach!

Warum ich das alles erzähle? Weil ich der Einzige von der ganzen Klasse war, der die Prüfungen im Gesamtdurchschnitt nicht bestanden habe! Sogar den Hans hatten sie so benotet, dass er durchgeschlüpft war. Die Experten hatten ihm aber damit einen Bärendienst erwiesen. Denn kaum hatte der Hans das Diplom in der Hand, ging er zweimal kurz hintereinander Pleite, da er selbst der beste Gast in der eigenen Kneipe war. Die Direktion der Schule war froh, dass sie ihn losgeworden waren, weil sie ihr tolles Image nicht mit einem neuerlichen Gerichtsbeschluss aufs Spiel setzen und sich das Millionengeschäft verderben wollten.

Ich selber war am Boden zerstört und konnte es nicht fassen, dass sie mich hatten durchfallen lassen. Die ganze Prozedur hätte ich wiederholen müssen, um meinen Betrieb zu halten. Gott sei dank habe ich in diesen Momenten einen kühlen Kopf bewahrt und ab nun alles richtig gemacht. Ich machte eine schriftliche Eingabe, dass ich meine Prüfungsarbeiten sichten möchte, was mir auch gestattet werden musste mit der Auflage, dass das Kopieren, Entwenden oder Abfotografieren strengstens verboten sei.

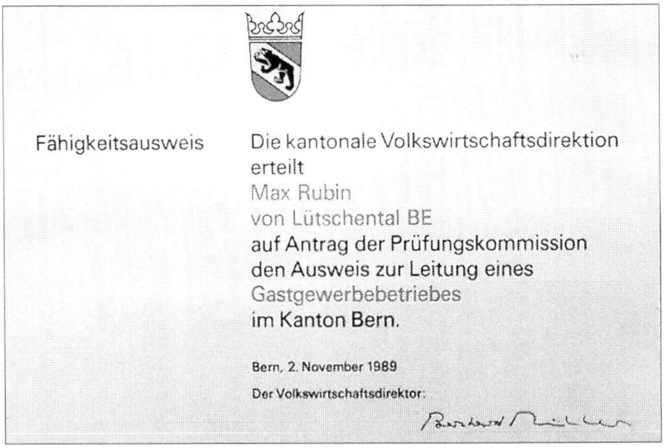

Fähigkeitsausweis

Die kantonale Volkswirtschaftsdirektion erteilt
Max Rubin
von Lütschental BE
auf Antrag der Prüfungskommission den Ausweis zur Leitung eines
Gastgewerbebetriebes
im Kanton Bern.

Bern, 2. November 1989

Der Volkswirtschaftsdirektor:

Dieser Fetzen Papier hat mich fast einen Nervenzusammenbruch und 25.000 Franken gekostet...!. Bild: M. Rubin

Ich machte mich umgehend schlau über das Benotungssystem und seine gesetzlichen Vorgaben, die besagen, dass nach den Kommastellen zu Gunsten des Prüflings aufgerundet werden müsse. Mit diesen Kenntnissen fuhr ich nach Bern, um meine Akten zu sichten. Und siehe da, sämtliche Noten waren zu meinen ungunsten abgerundet worden. Mein Taschenrechner sagte mir, dass ich die Prüfung lokker bestanden hatte. Auf meinen geharnischten Brief hin mussten sie mir dann das Diplom, „Fähigkeitszeugnis" wie sie es nennen, aushändigen.

Trotz einer riesigen Wut im Bauch und verrückten Rachegelüsten hakte ich die Sache ab, wollte mit diesem Schmierentheater nichts mehr zu tun haben und mich ganz auf mein kleines Unternehmen konzentrieren.

Ich hatte Glück mit meinem Personal. Alle zogen am gleichen Strick, und die Gäste waren zufrieden und kamen in Scharen. Ein 16-Stunden-Tag war für mich Pflicht, und ich war forthin mit dem Geschäft verheiratet. Kochen und der Kontakt mit den Gästen waren mir wichtig.

Mein Motto war: acht Stunden arbeiten und acht Stunden mein Hobby pflegen. Alles andere rückte in den Hintergrund. Alle waren zufrieden.

Alle, bis auf die Besitzerin des Lokals und ehemalige Wirtin, die mit ihrem Mann Max im gleichen Haus lebte. Else, so ihr Name, ursprünglich aus Norddeutschland, hatte sich die Sache mit der Pacht etwas anders vorgestellt als ich. Jeden Morgen um neun Uhr, als das Restaurant vom Servicepersonal geöffnet wurde, saß Else schon am Stammtisch und kommandierte meine Leute herum, was und wie sie es zu machen hätten. Sie beschwerte sich auch bei den Leuten über mich, dass ich mich um „ihre" Stammgäste zu wenig kümmere und dass von denen kaum noch jemand ins Restaurant käme. Nun, mit „ihren" – ein paar wenigen Ü70-Gästen – konnte ich nicht leben. Mir war jeder recht, solange er sich wie ein Gast benahm.

Das Personal beschwerte sich bei mir über Else, und meinte, sie seien unsicher, wem sie denn nun zu gehorchen hätten. Anscheinend beeindruckte mein Gespräch mit Else nicht, in dem ich es ihr verbot, meinem Personal Befehle zu erteilen. Irgendwann eskalierte die Situation und sie bekam in „ihrem“ Restaurant Lokalverbot. Es war der einzige Weg, dass wir ungestört unsere Arbeit machen konnten.

Nach einiger Zeit der Ruhe kam Else zu mir mit der Frage, ob sie Verwandte aus Deutschland bei uns empfangen dürfte? Ok, ich bin nicht nachtragend und erlaubte es ihr, damit sie das Gesicht gegenüber ihren Gästen wahren konnte. Ab da an kam Else wieder regelmäßig zu uns, solange bis wieder alles beim alten war und sie sich nicht zurückhalten konnte mit ihren negativen Kommentaren. Es gab ein weiteres, aber nun definitives Lokalverbot.

Max, ihr Mann, war ein ruhiger und zufriedener Geselle, gegen den ich nichts sagen konnte, sondern der ein gern gesehener Gast war. Ich hatte einen Fünfjahresvertrag abgeschlossen, meine Umsätze stiegen jährlich, und ich war rundum zufrieden. Eines Tages kam Max zu mir – wohl gesandt von Else – und eröffnete mir, dass ich ab nun monatlich an die 300 Franken mehr Pachtzins zu zahlen hätte. Ich machte ihn freundlich aber bestimmt darauf aufmerksam, dass wir einen fixen Zins für die ganzen fünf Jahre vertraglich abgeschlossen hatten. Unverrichteter Dinge musste er es seiner Else beichten, dass ich taub wäre auf diesem Ohr.

Nun, wer Else kannte, der wusste, die gibt sich nicht so schnell geschlagen. Nach ein paar Tagen Bedenkzeit hatte sie offenbar Max den erneuten Auftrag gegeben, bei mir vorzusprechen. Der Umgangston wurde etwas rauher. Der Buchhalter hätte gesagt, da bedeutend mehr Umsatz gemacht wurde, stünde einer Erhöhung des Pachtzinses nichts mehr im Weg. Wenn ich mit dem neuen Vertrag nicht einverstanden wäre, würde man Mittel und Wege finden um ihn durchzusetzen. Wenn nötig mit einem Anwalt. Nun, ich blieb gelassen, weil ich wusste, dass ich im Recht bin, und lehnte einen neuen Vertrag rigoros ab. Im übrigen, sagte ich zu Max, sei der gute Umsatz meinem vollen Engagement und meiner Kreativität zu verdanken.

Dazu hatte mir auch eine Idee zur richtigen Zeit verholfen. Bei meinem wöchentlichen Großeinkauf hatte ein Karton neben der Kasse mein Interesse geweckt: ein aktionsmäßiger Restposten. Ein Blick darauf sagte mir, dass der Inhalt zwölf stiefelförmige 3-dl.-Gläser enthielt. Unschlüssig eigentlich, was ich damit machen könnte, kaufte ich die Dinger. Nach einigen Tagen kam unser Stammgast „Sir Henry" ins Spiel, dem ich von den Stiefelgläsern erzählte.

Sir Henry – den muss ich besonders erwähnen: Fünf Jahre lang saß er links in der Ecke am Stammtisch in seiner ganzen Fülle. Ein schlaues Bürschchen von gut 30 Jahren, ein fauler Sack was das Arbeiten anging, aber ansonsten ein total lieber Kerl, der durch seine Untätigkeit und den Bierkonsum einige Pfunde zuviel auf den Rippen hatte. Gewohnt hat er im „Hotel Mama" und sich auch dort verköstigen lassen. Ab und zu schaute seine Mama bei uns rein und beklagte sich immer, dass ihr Sohn einiges auf dem Kasten hätte, aber seine Talente immer noch brachliegen würden. Und so lagen sie bis zu seinem Tod. Aber Sir Henry war hell begeistert, als ich ihn aus einem Stiefelglas sein Bier trinken ließ mit der Frage: „Hast du eine Idee, was man mit diesen Bierstiefeln machen könnte?" An diesem Abend wurde der „Stiefeliclub" gegründet mit einem Oberstiefel, das war Henry, und ich war Beisitzer. Wir legten auch gleich die Statuten fest, die besagten, dass alle Mitglieder einen geeigneten Übernamen tragen sollten, einen Stiefel für fünf Franken kaufen, Stammgast werden und eine anständige Portion Humor mitbringen sollten.

Das war die Idee des Jahres und brachte mir guten Umsatz, viele liebe Freunde, und was wichtig war, alle fühlten sich bei uns wie zu Hause, jeder war jedem behilflich. Wir waren eine verschworene Gemeinschaft. Die zwölf Krüge waren schnell weg, und ich musste durch die halbe Schweiz fahren, um Nachschub in Sachen Bierstiefel zu besorgen. Das ganze wiegelte sich so hoch, dass es mir bald über den Kopf wuchs. Dafür hatte der Club viele Leute, die sich mit großer Begeisterung einbanden. Bei über 100 „Stiefeln", wie man die Mitglieder zu nennen pflegte, hörte ich auf zu zählen.

Zweimal im Jahr war ich gefordert, ein Fest zu organisieren. Zum einen war es die Jahreshauptversammlung, die kostenpflichtig war, für alle Teilnehmer inbegriffen ein Dreigang-Menü und einige Stiefel Bier für 20 Franken, und zum anderen einen Ausflug nach irgendwo, was auf meine finanzielle Kappe ging. Zum Beispiel Brauereibesichtigung in Freiburg bei der „Cardinal" mit Autobus, Menü, Bier, Live-Musik und Tanz. Dann wieder ein Winterausflug in die Berge mit einem Plauschskirennen* und anschließendem Fondueessen in einer Alphütte auf dem Gurnigel.

Unterschiedlicher konnte die Stiefeligesellschaft nicht sein. Vom Unternehmer bis hin zu Anstaltsinsassen, die am Sonntagnachmittag freien Ausgang hatten und diesen bei uns verbrachten, war die ganze Bandbreite zugegen. Wir waren eine ganz große Familie, und jeder schaute, dass er sich gut in den Club integrierte. Daher gab es keine Missgunst oder Streit. So eine lustige und interessante Gesellschaft hatte ich vorher und habe ich danach nie mehr erlebt.

Zwei besonders lustige Begebenheiten werden mir in diesem Zusammenhang ewig in Erinnerung bleiben. Zum einen war es der Schreinermeister Hans, der behauptete, dass er einen Pariser mit der Nase aufblasen und zum Platzen bringen könne. Die Wette galt und ein paar gratis Stiefel Bier waren ihm sicher. Also zog er sich ein Kondom bis unter die Nase über den Kopf, sog mit dem Mund die Luft ein und blies sie mit einiger Anstrengung durch die Nase in den Gummi. Was niemand für möglich gehalten hatte, Hans schaffte es: Mit einem lauten Knall platzte der Pariser, und der Rotz aus Hänselis Nase verspritzte sich über

---

* *schweizerisch für:* Spaß / geselliges Zusammentreffen

den ganzen Tisch. Ich konnte mich nicht mehr halten und kugelte mich vor Lachen wie ein kleines Kind auf dem Boden.

Die zweite war auf andere Weise lustig. Wenn irgendwie möglich veranstaltete ich gerne Wettbewerbe, aber immer mit überraschendem Ausgang. Diesmal war ein Mohrenkopfessen angesagt. Die Kontrahenten saßen sich gegenüber, die Hände auf den Rücken gebunden. Es war alles ganz einfach, wer es am schnellsten schaffte der kam ins Finale. Es gab zwei Paare, also zwei Halbfinals und dann das Finale. Die Teilnehmer wählte ich persönlich aus, das hatte seine Gründe. Als erstes waren zwei Frauen dran, von denen ich wusste dass es ihnen egal ist, wer gewinnt. Es war schon sehr lustig anzusehen, wie sich die Damen ihr Gesicht vollschmierten bis die Erste gewonnen hatte. Dann kam das zweite Halbfinale. Zum einen wählte ich Jonni, von dem ich wusste, dass er unheimlich ehrgeizig ist und unbedingt gewinnen wollte. Ihm gegenüber wählte ich einen Mann, der unter uns als „Schlaftablette“ bekannt war.

Was natürlich Jonni nicht wusste, dass ich seinen Mohrenkopf präpariert hatte, indem ich – wie ein Chirurg – den Boden abgetrennt, die Sahnefüllung herausgeschabt, voll mit Mehl gefüllt und den Boden wieder fachmännisch aufgeklebt hatte. Jonni saß – wie ein Rennpferd in der Startbox – auf seinem Stuhl, fixierte den süßen Haufen vor ihm auf einem Teller und war bereit, sich auf das Ding zu stürzen, um mit dem ersten Bissen mindestens den halben Kopf wegzuputzen. Ich zögerte das ganze so lange wie möglich hinaus, um die Spannung zu erhöhen und gab schließlich das Kommando mit dem Runterzählen „3, 2, 1…0“ frei. Wie erwartet fiel Jonni in die „Mehlgrube“ rein, schlug zu wie ein hungriger Tiger und wollte „die Beute“ herunterschlucken. Stattdessen schnappte er nach Luft und zerstäubte durch sein Husten sein Gegenüber von oben bis unten mit Mehl.

Ja, ja, ich weiß, das sind Witze auf Kosten eines anderen. Aber da musste man durch, und schließlich: Es konnte jeden von uns treffen.

Das war im September 1979 zur Eröffnung von „Möbel Pfister" in Thun. Das Buffet war 15 Meter lang und für 60 Personen. – Kosten: 10.000 Franken. Dafür dass ich neben dem à-la-carte-*Service im Restaurant drei Tage lang fast Tag und Nacht alles vorbereitet habe, waren die 100 Franken Prämie doch sehr beschämend. Vielen Dank nochmals dafür, „liebe" Frau Schindler vom Restaurant Schmiedstube. Ok, das Lob bekam ich – und die Kohle sie...*

Fotos: M. Rubin

Auch beim Grillen mit Freunden waren meine Kochkünste stets gefragt.

Fortsetzung Eigenständigkeit

Für mich war von nun an erneut ein 16-Stunden-Tag Pflicht, und ich war forthin mit dem Geschäft verheiratet. Kochen und der Kontakt mit den Gästen war mir wichtig. Mein Motto war: acht Stunden arbeiten, und acht Stunden mein Hobby pflegen. Alles andere rückte in den Hintergrund.

Nach drei Jahren wurde mir schon fade, und ich suchte nach neuen Herausforderungen. Ich begann mit allerlei Events, organisierte alle möglichen (und unmöglichen) Veranstaltungen.

Unter vielem anderen begann ich mit ungarischen Spezialitätenwochen, die ich selber in meinem Restaurant für zwei Monate getestet hatte, um diese dann in der ganzen Deutschschweiz in Gastronomiebetrieben anzubieten. Mein Angebot war sehr vielfältig und die Interessenten konnten auswählen von Full-Service, heißt das ganze Programm mit ungarischem Personal, von der Küche, Service, bis hin zur Zigeunermusik. Gestalten und Drucken von Speisekarten, Flyern, Wanddekorationen, wie auserlesene Stickereien und altes Handwerkzeug aus der Puszta. Natürlich Weiß- und Rotweine aus verschiedenen Gebieten und als Absacker eine Barack Pálinka, ein Aprikosenschnaps, der in ganz Ungarn verbreitet ist. Die Küche wurde beliefert mit frischer Ware für warme und kalte Gerichte. Der Hit war eine Diashow mit dreihundert Bildern aus ganz Ungarn, die ich auf meinen Reisen gemacht hatte und die *non stop* an eine helle Wand projiziert wurde.

Ich hatte ein erfülltes Leben, im wahrsten Sinne des Wortes. Meine knapp bemessene Freizeit wurde absorbiert von vielen Reisen, ob zu Kunden oder nach Ungarn, um Verträge mit gewünschtem Personal zu machen und die benötigte Ware einzukaufen.

Neujahr 2000 gründete ich eine Firma in Ungarn und startete als Inhaber eines Nachtclubs. Öffnungszeiten abends ab 22 Uhr bis irgendwann früh morgens. Dieses Nachtleben musste ich wegen Übermüdung nach einem halben Jahr wieder aufgeben. Aber auf die Erlebnisse und Grenzerfahrungen, die ich erlebt habe, möchte ich nicht verzichten.

Zurückgekehrt in die Schweiz, führte ich in den letzten vier Jahren meiner „Amtszeit“ einen großen Tennisclub. Ich versorgte nicht nur die Gastronomie, sondern ich war auch noch Platzwart und erledigte Vermietung und Neuanmeldungen.

Sosele, das war neben meinen vielen Hobbys die berufliche Karriere.

Kontrolle ist gut, Vertrauen ist besser

Ich hatte Glück mit meinem Personal. Alle, aber wirklich alle, waren mit Freude bei der Arbeit, die Service-Mädels gaben ihr Bestes, lernten viel, waren kompetent, hatten mein vollstes Vertrauen und waren auch bei allen Gästen beliebt. Das war mit ein Grund, dass die Gäste zufrieden waren und in Scharen kamen.

Was das Vertrauen in meine Leute anging, hier eine Geschichte dazu: „Vertrauen ist gut, Kontrolle ist besser“, so lautete auch mein Motto für lange Zeit. Meistens liegt man damit ja auch richtig, doch ab und zu falsch, wie die folgende Geschichte zeigt.

Ich stelle vor:
Terry – damals ein smarter junger Mann mit blonden strähnigen Haaren. Gelegenheitsmaler, Gelegenheitsmusiker, mit Gastronomieerfahrung.

Markus – ehemaliger Koch, heute längst in Rente, weil Alkoholiker. Bei mir viel später noch „angestellt“, das heißt, er hatte bei mir Kost und Logis frei, musste / durfte den Garten pflegen und einfache Hilfsarbeiten erledigen.

Nun zur Geschichte:

Auch Wirte haben mal ein wenig Urlaub nötig. Ich hatte einen dreiwöchigen Urlaub geplant. Mein Problem war einzig der Betrieb. Offen lassen oder drei Wochen schließen. Schließen heißt, drei Wochen keine Einnahmen, und offenlassen gibt andere Probleme, wie auch schon erlebt.

Ein Jahr zuvor hatte ich eine Geschäftsführerin eingestellt. Es war der nackte Horror gewesen! Für mich, für den Betrieb und für die Gäste. Außer einem großen Loch in der Umsatzkasse hatte rein gar nichts geklappt. Ergo gab es für mich keine Alternative, als zu schließen.

Drei bis vier Wochen vor den geplanten Ferien unterhielt ich mich mit Terry. Er erzählte mir von seinem Werdegang und sagte so beiläufig: „Ich möchte mal – nur für einen Tag – Chef sein in deinem Restaurant.“

Damit hatte er mich auf eine tollkühne Idee gebracht. Weitere zwei Tage später war ich entschlossen, mit Terry darüber zu reden, ob er Lust hätte für drei Wochen „Chef“ zu spielen. Ich weihte ihn in meinen Plan ein. Er schaute mich verdutzt und ungläubig an, wollte es gar nicht wahrhaben.

Es gab eine Generalbesprechung mit allen Beteiligten, und wenn alle mitspielten, dann stand dem Plan nichts mehr im Wege.

Und wie sie alle begeistert waren!

Ob sie nun Freude hatten, dass ich mal für einige Zeit abwesend bin, oder ob sie einen Unternehmergeist entwikkelt hatten? Es würde sich dann zeigen. Immerhin, sie hatten mein Vertrauen. Ich kannte meine Leute gut und wusste, sie würden alles geben, um den Kahn über Wasser zu halten.

Einzig Markus, der die Küche für diese Zeit schmeißen sollte, konnte eventuell zu einem Problem werden in Sachen Alkohol. Er versprach uns allen, sich in dieser Zeit zu mäßigen, was ja für einen Alkoholiker eine riesige Herausforderung ist.

Frohen Mutes genoss ich die drei Wochen Urlaub mit der Gewissheit, dass Terry einen täglichen Bericht schreiben und alle Vorkommnisse in einem Heft festhalten würde. Was er auch tat. Intelligent und humorvoll schrieb er alles im Detail auf. Das Heft habe ich heute noch und lese es ab und zu mit Schmunzeln durch.

Ohne Argwohn, ohne Bedenken kam ich aus dem Urlaub zurück. Niemand hatte schlapp gemacht, keiner war ausgerastet oder hatte versagt, das Team war zusammengeschweißt. Ausnahmslos waren alle über sich hinausgewachsen. Ich sah nur glückliche Gesichter. Auch glücklich, weil sie einen Chef haben, der ihnen so großes Vertrauen schenkt.

Hier noch der Abschlussbericht von Terry in Kurzfassung:

„Wir möchten uns zum Abschluss unserer Ferienvertretung noch bei vielen Leuten bedanken. Wir wurden von vielen Menschen tat- und ratkräftig unterstützt. Ohne sie wäre das ganze niemals in diesem Rahmen möglich gewesen. (Einige der Stammgäste haben sich, wenn nötig, spontan eingebunden.)

Den größten Dank natürlich an Max, der uns das Ganze zugetraut hat. Wir hoffen deine Erwartungen erfüllt zu haben.

Es hat auf jeden Fall viel Spaß gemacht! Merci."

Ich sage auch *Merci* und verneige mich vor Euch. Ihr alle habt meine Erwartungen bei weitem übertroffen!

Prostitution

Ein heikles Thema, sehr heikel, würde ich sagen. Für viele Leute, aber nicht für mich. Ich gehe da locker damit um. Schließlich habe ich genug einschlägige Erfahrungen.

Früh, schon sehr früh, wurde ich damit konfrontiert. Angefangen hatte es in Bern. Kurz nach der Lehre hatte ich dort eine Anstellung bekommen. Unbekümmert wie ich war, trafen wir uns fast jeden Abend beim Automatikcenter. Wir, das waren ein paar Leute, die wie ich einfach keinen Schlaf fanden, und ein paar Amateur-Huren. Amateure aus dem Grund, weil sie gegenüber den Profis keine Registration beim Gesundheitsamt und somit auch keinen sogenannten „Bockschein" (ärztliches Attest) in der Tasche hatten. Hausfrauen eben, die ihr Taschengeld aufbessern wollten. Man kannte sich. Schließlich trafen wir uns fast jeden Abend. Wir hatten eher ein Mütter / Sohn-Verhältnis. Nur wenn die „Sitte" (Sittenpolizei) im Anmarsch war, schnappte sich jede Frau schnell einen von uns, und dann waren wir für kurze Zeit ein Liebespaar, das zufälligerweise dort spazieren ging. Auf diese Weise konnte ich immer einen „Fünfliber" (5 Franken) verdienen. Soviel kostete im Automatikcenter ein Fach mit Esswaren.

Vielfältig war das Angebot, und da wir ständig Hunger hatten, waren wir über jede Hilfeleistung froh. Mit Kraft und Geschicklichkeit konnten wir dann für die kleine Investition sogar drei Fächer plündern. So erlernte ich den Umgang mit Huren. Preise und Leistungen waren mir ein Begriff, obwohl ich nie mit einer dieser Frauen auch nur annähernd was hatte.

Tradition war, dass sich einige gegen Morgen im Bahnhofbuffet trafen, das schon um 4 Uhr in der dritten Klasse öffnete. Was sich dort alles traf um diese Zeit, ist fast unbeschreiblich: Von der Uralt-Billigsthure bis zur Edelnutte war alles dabei. Ebenso bei den „Dreibeinern“: Von Clochards und Alkis, über Männer im „Übergwand“ bis hin zu dem Bundesangestellten in „Schale“ und Krawatte, bewaffnet mit einer Aktentasche. Kreti und Plethi gaben sich jeden Morgen hier die Klinke in die Hand. Tägliches Live-Theater und Komödienstadel mit Gratiseintritt in einem.

Ein paar Jahre später war ich wieder in Bern. Ich hatte ein Engagement in einem Spezialitätenrestaurant angenommen. Die Küche ging zu einem Hinterhof, wo rundum Wohnblocks standen.

Am ersten oder zweiten Tag gab ich meiner Sucht nach und rauchte am späten Abend kurz vor Feierabend eine Zigi. Bis oben aus dem dritten Stock, bei offenem Fenster, einige gellend laute Schreie ertönten. „Hiiiilfe!“ Dann ein Röcheln. Nun wusste ich, hier wurde ein Verbrechen verübt und eine Frau umgebracht.

So schnell ich konnte, rannte ich die Treppe runter zur Inhaberin des Lokals. „Fraaaauuu Meiiiieeer, Frau Meier! Rufen sie sofort die Polizei, oben im dritten Stock wurde ein Mord begangen!“ Frau Meier drehte sich langsam um und schaute mich lächelnd an. „Schnell, schnell, die Polizei!“, rief ich und glotzte Frau Meier mit weit aufgerissenen Augen an. „Ach, Herr Rubin, das ist alles nur halb so schlimm“, sprach die Frau mit ruhiger Stimme, „das gehört zu einem Spiel und kommt ab und zu hier vor“. In diesem Block hätten einige „leichte“ Mädchen Wohnungen gemietet und würden darin ihrem Gewerbe nachgehen. Wie absurd ist denn das Ganze! Und überzeugt war ich von dieser Aussage nicht.

Etwa eine Woche danach wurde ein Telefonat zu mir in die Küche geleitet. „Hallo, ich bin Marina“, säuselte eine Stimme im Apparat. „Ja, und um was geht es?“ „Also: Eine Mitarbeiterin von mir hat heute Geburtstag, und wir möchten gerne ein Fest feiern mit feinem Essen und Getränken. Einfach alles was es so braucht für ein schönes Fest.“

Ich schlug der Marina ein Filetgulasch Stroganoff vor, mit Wildreis und Salatplatte. Sie war einverstanden und wollte, dass ich das Ganze nach meinem Feierabend in den dritten Stock im gleichen Haus bringen und dort die anwesenden Damen bedienen sollte.

Was macht man nicht alles, um die Gäste zufrieden zu stellen. Punkt 21 Uhr klingelte ich voll beladen bei Frau „Sowieso“. Eine etwas füllige Mitt-Fünfzigerin öffnete mir und bat mich in die gute Stube. Dort wurde ich freudig und mit Applaus von fünf anwesenden Damen begrüßt. Alle stellten sich mit Vornamen vor. Marina wurde mir als ihre Chefin, oder auf gut deutsch, „als die Puffmutter“ vorgestellt. Da ich zu einem Glas Wein eingeladen wurde, blieb ich bis nach Mitternacht in der Bude sitzen. Ich wollte das Treiben der Huren einmal hautnah miterleben. So etwa ab 22 Uhr ging's los. Ein Kommen und Gehen wie in einem Bienenhaus. Alle Mädchen machten „Hauslieferung“ oder trafen sich irgendwo draußen zum Stelldichein. Wenn sie nach getaner Arbeit wieder zu Hause ankamen, ging der Disput los, und ich vernahm, was die Freier so alles wünschten und was im Moment so gefragt war.

Es war eine riesige Erfahrung für mich. Zum einen erlebte ich, wie Huren so ihren Alltag bewältigen, und zum anderen was sie im Allgemeinen über Männer denken.

Da mein Zimmerservice immer öfter bestellt wurde, und ich bald mehr oder weniger schon zur Familie gehörte, wurde ich mit allem, was dieses Gewerbe zu bieten hat, konfrontiert. Wie in jedem Gewerbe hatten auch hier alle Mädchen ihre Stammkundschaft. Gespannt hörte ich mit, wenn das Telefon klingelte und Marina die Anrufer alle mit „Hallo Schatz!“ begrüßte. Der Dialog lief dann immer gleich oder ähnlich ab. Nach dem „Hallo Schatz!“ kam die Wiedererkennungsfreude, dann die Frage nach seinen Wünschen. „Ach, die Susi möchtest du haben“, nun, entweder war die Susi verfügbar, oder wenn sie anderweitig beschäftigt war, log sie dem Kunden etwas vor: die Susi sei für heute krank, beim Abendessen oder sonst was. Aber dass die Susi noch andere Kundschaft zu bedienen hatte, das gaben sie nie zu. Natürlich wurde dann auch gleich die Elisabeth angeboten, da die im Moment frei war und selber auf einen ihrer Liebhaber wartete.

Mich persönlich ekelte dieses Gesäusel von „Schatzi hier und Schatzi da" an. Nicht dass ich prüde war und ich es nicht verstehen konnte, dass das zu ihrem Gewerbe dazugehört. Aber ich war verheiratet, hatte eine Familie zu versorgen, zudem hatte ich alles, was ich mir wünschte, eine liebe, hübsche und aufgeschlossene Frau zu Hause.

Eines habe ich ganz sicher gelernt: dass die Huren, oder wie man sie auch immer nennen mag, im allgemeinen wunderbare Frauen sind, wenn man sie nicht wie eine Ware, sondern wie Menschen behandelt.

Wieder einige Jahre später, wieder in Bern.

Nach einem 16-Stunden-Arbeitstag brauchte ich immer ein wenig Abwechslung. Sei es eine Fahrt mit dem Auto in die Berge, um Wildtiere zu beobachten, oder aber der Weg führte mich nach Bern in die Region des Bundeshauses. Dort ging jede Nacht die Post ab.

Beim Weltpostdenkmal westlich vom Bundeshaus tummelten sich Schwule, Lesben, Strichjungen, Drogendealer und drogenabhängige Frauen auf dem Straßenstrich und auch sonst so einiges Gesindel. In diesem Bezirk liefen sicher so um die 100 Jahre Knast rum. Da konnten sich meine Augen und Ohren austoben. Da konnte ich miterleben, wie tief man sinkt, wenn man abhängig ist von irgendwas. Ein, zwei Stunden in diesem Sündenpfuhl flanieren, dann bist wieder „geheilt" und froh, nicht dazu zu gehören. Ab und an ergab sich ein Gespräch mit einem Zufallspartner. Das war das eigentlich spannende an meinem Dortsein. Zu erfahren, warum und wieso jemand so heruntergekommen war. Die Gründe, warum junge Mädchen auf den Strich gehen und ihren Körper verkauften.

An so einem Abend traf ich Susi, ein etwa 20jähriges Mädchen. Wir kamen ins Plaudern, und ich lud sie zu einem Getränk im nahen Café ein. Sie war hübsch, intelligent und eine angenehme Gesprächspartnerin. Wir unterhielten uns angeregt, und sie erzählte mir, warum sie hier „anschaffen“ ging. Schulden wären das Problem, Schulden bei Freunden. Irgendwann wurden wir uns handelseinig für ein Schäferstündchen. Sie müsse aber noch kurz weg, sagte sie, einem Freund eine kleine Schuld zurückbezahlen, dem sie es für heute versprochen hätte. Ob ich ihr vielleicht einen Vorschuss geben könnte, da sie heute noch nix verdient hätte? Etwas misstrauisch schaute ich sie an, aber sie lachte und sagte: „Keine Angst, in fünf Minuten bin ich wieder hier. Zur Sicherheit, dass ich wiederkomme, lasse ich meine Handtasche hier.“

Also machten wir diesen Deal, und sie verschwand. Die Damenhandtasche neben mir auf dem Stuhl (was für ein Bild… haha!), wartete ich eine gefühlte halbe Stunde und von Susi keine Spur. Nun nahm ich mir mal die Tasche vor. Erst jetzt sah ich, dass es ein Modell „Großmutter“ war. Der Inhalt: Eine kaputte Haarbürste und zusammen geknülltes Zeitungspapier! Ich schmiss das Zeugs alles in den nächsten Abfallkübel. Nun war ich sauer, und ich schwor Rache.

Zwei- bis dreimal fuhr ich des Nachts nach Bern und wollte Susi finden und sie zur Rede stellen. Ich fragte ihre „Freundinnen“ nach Susi. Immer die gleiche Antwort: „Ab und zu kommt sie für kurze Zeit her und verschwindet dann gleich wieder. Falls du es nicht weißt, sie betrügt die Männer nach Strich und Faden.“ Und wie ich das wußte. Jetzt wollte ich sie nicht mehr nur zur Rede stellen, jetzt wollte ich sie ermorden.

Na ja, nicht so ganz, nur ein bisschen!

Vaterschaft – eigene und fremde Kinder

Zwei wunderbare Söhne nenne ich mein Eigen. Söhne, wie man sie sich als Vater nur wünschen kann.

Von zwei weiteren Kindern, die von mir sein könnten, hier die Geschichten dazu:

Es passierte in meiner Junggesellenzeit. Ich verpflichtete mich in Bern für eine Aushilfsstelle als Koch, da der Boss für drei Wochen ins Militär musste. Kaum hatte ich mit der Arbeit begonnen, machte mir die Wirtin eindeutige Avancen. Zwar etwas verblüfft, machte ich das Spiel aber gerne mit. Sie war hübsch, hatte schulterlange, schwarz gewellte Haare. Summa summarum eine attraktive Frau.

Sie hatte einen 3–4 Jahre alten Sohn. Die erste Woche wartete ich immer bis „Beizenschluss" und hoffte, dass was geht. Sie vertröstete mich immer wieder und sagte mir, es sei noch zu früh, ich solle Geduld haben, und der Abend werde kommen, an dem es geschehen soll.

Gegen Ende der zweiten Woche – das Restaurant hatte schon geschlossen – stellte sie eine Flasche Wein auf den Tisch und gab mir zu verstehen, dass sie heute willig wäre.

Ich selber wollte den Abend oder die Nacht genießen und ging ganz sachte an sie heran. Ein bisschen schmusen..., doch sie wollte gleich zur Sache kommen. Ich fragte noch „naiv" wegen Verhüten. „Ach, da mach dir keine Sorgen!", meinte sie. Es war kurz, unromantisch, und ich hatte ein komisches Gefühl im Magen.

Die restlichen eineinhalb Wochen war ich Luft für sie. Kein liebes Wort mehr. Sie behandelte mich wie einen Fremden. Nach drei Wochen verließ ich frustriert den Laden.

Ich kehrte nie mehr an den Ort zurück, und die Frau habe ich niemals mehr gesehen. Aber ein Jahr später traf ich per Zufall einen gemeinsamen Freund auf der Straße. Wir sprachen auch über jenes Restaurant, in dem er früher Stammgast war, und ich fragte ihn nach dem Wohlergehen der Familie. „Ach, denen scheint es gut zu gehen, sie war schwanger und hat vor drei Monaten ein Mädchen geboren." Zeitlich passte alles zusammen. Ich wurde nachdenklich und kam mir vor wie der Zuchtbulle Max, den man zum Decken herbestellt hatte.

* * *

Die zweite Geschichte verlief ganz anders und war gefühlt eine Generation später. In meinem Restaurant war an einem Abend Flaute. Die Gäste gingen vor „Beizenschluss" nach Hause, und ich konnte frühzeitig Feierabend machen.

Ich wollte mich bei der Konkurrenz umsehen und besuchte einen ehemaligen Kollegen von der Gastronomieschule, der unweit von mir ein Restaurant in Pacht führte. Innerlich freute es mich, dass auch bei ihm nichts los und ich der einzige Gast war.

Er und seine Serviertochter* setzten sich an meinen Tisch, und wie unter Berufskollegen üblich, lud ich die beiden zu einem, oder zwei Gläsern Wein ein.

Angeregt unterhielten wir uns, tauschten Erfahrungen aus, spöttelten über diesen und jenen Gast und waren guter Laune. Bis sich mein Kollege entschuldigte und sagte, dass er noch die Küche aufzuräumen hätte. Da ich noch keine Lust auf mein Bett hatte, plauderte ich mit der Ursula, so heißt sie. Ich merkte, dass auch sie noch zu wenig ausgelastet war und machte ihr den Vorschlag, sie in den nahe gelegenen Kursaal einzuladen, wo eine Liveband bis zwei Uhr zum Tanz aufspielte.

Ursula war eine aufgeweckte, lustige junge Frau. Ein wenig verrückt, aber ein lebensfrohes Wesen. Verheiratet und Mutter von einem 3–4 Jahre alten Sohn. Wir verstan-

---

* So nennt man in der Schweiz eine weibliche Bedienung.

den uns und wussten, die Nacht ist noch lange nicht vorbei. Nachdem wir uns auf der Tanzbühne ausgetobt hatten, gingen wir in meinen „Adlerhorst", so nannte ich das Zimmer, das ich über meinem Restaurant als Büro eingerichtet hatte und wo für den Notfall auch ein Bett bereitstand.

Ursula bescherte mir eine unvergessliche und wilde Nacht. „Was ist mit verhüten?", fragte ich sie. „Och, kein Problem", meinte sie. Schon öfters sei sie bei Ärzten gewesen, und alle hätten gesagt, dass sie nicht mehr schwanger werden könne. Auch gut, dachte ich in diesem Moment etwas egoistisch.

Am nächsten Abend war sie schon früh bei mir zu Gast und wartete auf meinen Feierabend. Die Frau schien total verliebt in mich zu sein, und auch ich hatte süße Gefühle für sie. Wir gingen in die zweite Nachtrunde. Ursula schien mir in Sachen *Amore* total „ausgehungert" zu sein und ließ ihrem Temperament freien Lauf.

Am Sonntag darauf war ihre ganze Familie in meinem Restaurant zu Besuch. Ihr Mann, etwas größer als ich, aber mit doppeltem Umfang und in Sachen Gewicht mindestens dem Zweifachen. Er war nett und freundlich. Ob er was mitbekommen hatte? Ich weiß es nicht. Wie mir Ursula erzählte, war sie schon des öfteren nicht nach Hause gefahren nach Arbeitsschluss und hatte ein Zimmer für den Fall, dass sie etwas zu viel Alkohol im Blut hatte und nicht mehr fahren konnte. Auf jeden Fall prügelte ihr Mann mich nicht, sondern lud mich noch zu einem Glas Wein ein.

Die Umstände waren nicht, dass wir uns oft sehen konnten. Die Besuche wurden spärlicher und erloschen dann völlig.

Die Überraschung kommt zuletzt. Ursula wurde schwanger. Eine riesige Freude war ihr anzusehen. Ich freute mich mit ihr, dass ihr sehnlichster Kinderwunsch doch noch in Erfüllung gegangen war. Neun Monate später gebar Ursula ein süßes Mädchen.

Fazit: Ab und zu ist es von Vorteil, wenn Ärzte sich irren!

Gutmenschen in Österreich

Davon habe ich mehr kennengelernt als „Bösmenschen“. Hier eine Geschichte darüber, die ich vor etlichen Jahren in Österreich erlebt habe.

Ich war geschäftlich unterwegs, zurück von einer Einkaufstour in Ungarn. Da ich einen monatlichen Event zu organisieren hatte, war mein Auto voll beladen mit allerlei Waren. Kofferraum, Hintersitze, der gesamte Stauraum war vollgestopft mit vielerlei Dingen. Ich kam gut voran, bis irgendwo zwischen Wien und Linz mich überholende Autofahrer mir Zeichen gaben, wild gestikulierten und nach hinten zeigten. Der Blick in den Rückspiegel zeigte hinter mir herziehend eine dicke, schwarze Rauchfahne. Im gleichen Moment stotterte auch schon der Motor. Rechts ran, Warnblinker an, Motorhaube auf. Was ich sah, war einfach nur Rauch. Motorschaden. Alles voll Ruß und Öl. Der Pannendienst funktionierte wunderbar, und nach einer halben Stunde waren wir schon unterwegs, mein Auto „huckepack“ hinten drauf.

In der Zentrale versuchten sie zuerst mal, mich zu beruhigen. Kaffee und Gebäck wurden aufgetischt. Gleich nebenan war eine Werkstatt, die sie mir empfahlen. Das Stirnrunzeln und Kopfschütteln des Garagen-Chefs versprach nichts Gutes: „Also wenn überhaupt, dauert das Wochen, bis das repariert ist.“ Hoffnung wollte bei ihm nicht aufkommen, und er vertröstete mich auf den nächsten Tag. Ich sollte um 9 Uhr bei ihm erscheinen. Inzwischen hatte die Zentrale auch schon ein Nachtlager für mich organisiert. Mit leichtem Gepäck wurde ich in eine Pension chauffiert.

Wie man sich vorstellen kann, hatte ich eine unruhige Nacht. Meine Träume waren voller Pleiten, Pech und Pannen. Punkt 9 Uhr war ich in der Garage. „Nix zu machen, heute nicht und morgen nicht.“

Nun begann ich zu grübeln. Wie zum Teufel sollte ich all diese Ware in die Schweiz transportieren? Da half mir wieder die Notdienst-Zentrale: Koffer, Taschen, Säcke, alles was irgendwie auffindbar war, wurde mir zur Verfügung gestellt, damit ich mein Auto leer machen konnte. Ein Fahrer von der Zentrale brachte mich mit etwa einem Dutzend Gepäckstücke an den Bahnhof. Ich brauchte sage und schreibe zwei Gepäckwagen um alles auf einmal zum Schalter zu fahren. Anscheinend waren die schon informiert, da ein Fahrschein bis Bern schon bereit lag.

„Also", sagte der Beamte, „in etwa einer Stunde kommt auf Gleis 6, Perron 3 ein Regionalzug. Mit dem fahren sie bis Linz, und gleich darauf trifft der Intercity ein. Umsteigen, dann bis Bern direkt." Gut, sehr gut. Nun hatte ich Zeit und konnte im Buffet noch eine Gulaschsuppe essen. Zuerst aber das ganze Gepäck Treppe runter, Treppe rauf auf Perron 3. Die Suppe hatte ich mir verdient. Auch das Bier schmeckte mir an diesem Tag (ansonsten mag ich Bier gar nicht).

Nach etwa einer halben Stunde kam ein Beamter zu mir mit der Frage: „Sind sie der Mann, der nach Bern will?" Ich bejahte. „Der Regionalzug kommt etwas verspätet, aber auf Perron 1." Also hopp-hopp und das Ganze in umgekehrter Reihenfolge. Ich schwitzte wie ein Bär. „Heute brauche ich echt kein Training mehr.", spottete ich über mich selbst. Ab und zu eine Durchsage wegen irgendwelchen Verspätungen. Zuerst 3 Minuten, dann 7, dann 15, dann 25. Der Beamte kam wieder und bat mich dringendst, auf Perron 3 zurückzugehen. Der Regionalzug würde jetzt doch dort eintreffen. Fluchend und schwitzend schleppte ich den ganzen „Plunder", den ich inzwischen zu hassen begann, wieder rüber. Dass irgendwas nicht stimmte, merkte ich, aber hatte null Ahnung, was da vor sich ging.

Bis der freundliche Beamte wieder auftauchte und mir mit ernster Miene erklärte, dass das mit dem Regionalzug nicht klappen würde. Denn der Intercity würde ihn – wegen der Verspätungen – hier überholen. „Aber...", er kam ganz nah zu mir und flüsterte: „Machen sie sich keine Sorgen. Wir haben mit dem Zugführer vom Intercity telefoniert, und er versprach, seinen Zug für eine Minute anzuhalten hier auf Perron 1. Sie haben nun drei Minuten Zeit!" – und er zeigte auf eine ganz bestimmte Stelle –, wo Sie sich mitsamt dem Gepäck aufhalten sollten. Ich raste, schleppte und keuchte. Aber ich schaffte es innerhalb der Zeit. Der Zug fuhr ein, stoppte, die Tür ging auf, ich machte einen Hechtsprung in den Waggon mitsamt zwei schweren Koffern. Zwei Beamte standen bereit und warfen mir die restlichen Sachen hinterher. Mit dem letzten Stück, gab er auch schon grünes Licht, ein kurzer Pfiff, eine Handbewegung und der Zug rauschte mit Vollgas wieder los.

So gut ich konnte, verstaute ich die Sachen irgendwo in den Gängen und marschierte durch den Wagen, um mir einen freien Platz zu suchen. Ich spürte die bewundernden Blicke der Passagiere, die das Ganze mehr oder weniger mitbekommen haben.

Jemand fragte mich im Vorbeigehen: „Sagen Sie, hat der Zug nur wegen Ihnen gehalten?" „Ja natürlich!", erwiderte ich nicht ohne Stolz. Ich war doch der Einzige, der eingestiegen ist. Ich genoss die Bewunderung und kam mir plötzlich vor wie der Kaiser von China.

So was erlebt man wohl nur einmal im Leben. Aber es bleibt ewig in Erinnerung.

Danke Austria!

Banken, Versicherungen und anderes Gesindel

Es war Anfang der 70er Jahre. Ich war frisch verheiratet, Küchenchef im damals größten und gut frequentierten Restaurant Café Rudolf in Bern.

Auch frisch Vermählten wird's manchmal fade, also entschlossen wir uns einen Schwarz-Weiß-Fernseher zu kaufen. Kaufen ist etwas übertrieben, denn wir hatten schlicht das Geld nicht dafür. Unser Erspartes hatten wir für Hochzeitsfest und Wohnungsausstattung ausgegeben. Aber es gab „tolle“ Angebote: „Mietkauf“ war die Lösung für viele. Vier Jahre Raten bezahlen dann gehörte einem die Kiste. Man bezahlte schlussendlich den doppelten Preis, dafür konnte man mitreden. Ich hatte sogar eine Fernbedienung: einen drei Meter langen Bambusstock, mit dem ich vom Sofa aus einen der drei Sender wählen konnte ohne aufzustehen.

Nach viereinhalb Jahren, also kurz nachdem der Apparat bezahlt war, ging die Bildröhre kaputt. Eine Reparatur lohne sich nicht, besser man kaufe gleich einen neuen, meinte der Fachmann. Und wenn, dann schon gleich einen Farb-TV. Nun, auch diesmal fehlte es am Geld und mein erster Gang war auf eine Bank für einen Kleinkredit. Der Banker war sehr freundlich und zuvorkommend. „Einen Farbfernseher können wir ihnen gerne finanzieren, aber Frage: Möchten sie nicht noch eine Stereoanlage dazu haben?“ „Nein danke, wir haben ein Radio, das genügt uns.“, sagte ich selbstsicher, denn ich wollte mich nicht unnötig verschulden. Der Banker war hartnäckig und ließ nicht locker. „Herr Rubin, haben sie ein Auto?“ „Nein, in der Stadt ist das unnötig.“ „Ich meine nur so einen Gebrauchtwagen, wir würden den Kredit dementsprechend erhöhen.“ Ich verneinte, und der Typ wurde mir bei jeder Frage unsympathischer. „Aber Herr Rubin, sie haben doch sicher irgendwelche geheimen Wünsche, die sie sich erfüllen möchten, eine schöne Urlaubsreise oder sonst was?“, bohrte er weiter. Langsam verstand ich. Der wollte sich mit meinem Geld, das er als Prämie bekommt, einen schönen Urlaub machen. Ich gab mich mit dem Kleinkredit zufrieden, und wir hatten einen Farbfernseher mit richtiger Fernbedienung.

Zu dieser Zeit lebte die Hälfte der Schweizer auf „Pump“, und die Banken halfen kräftig mit, indem sie dem Volk die Kredite nachschmissen, so dass sich jeder bis über den Hals hinaus verschulden konnte. Die Industrie und die Baubranche boomten, Boutiquen schossen wie Pilze aus dem Boden, alles mit fremdem Geld und Hilfe der Banken. Kredite wurden mit neuen Krediten zurückbezahlt. Das Geld lag auf der Straße, man musste sich nur die Mühe machen, es einzusammeln. Alles und alle waren euphorisch. Nichts konnte die Leute davon abhalten, sich zu verschulden. Ich stand etwas einsam und skeptisch diesem Finanzfluss gegenüber. Oft hatte ich den Eindruck, dass ich der Einzige bin, der noch normal denken konnte und wusste, dass diese künstlich gemachte Aufschwungsblase mal platzen würde. Sie platzte, aber mich wunderte nur, wie lange es gedauert hatte. Erst am 3. Oktober 1991 schloss die SLT (Spar- und Leihkasse in Thun) ihre Tore und Tresore und meldete Konkurs an. Die „Berner Zeitung" meldete damals, Zitat: „Nur wenige Monate vor besagtem Tag hatte die Spar- und Leihkasse Thun (SLT) im Rahmen ihres 125-Jahr-Jubiläums noch mit der großen Kelle angerichtet und ein Fest mit tausend Gästen organisiert."

Im Oktober wurde die SLT dann von Sparern belagert, die ihr Geld zurückforderten. Die damals zweitgrößte Bank des Berner Oberlands hatte sich mit Immobilienfinanzierungen im ganzen Land übernommen und war auf den Einbruch der Liegenschaftspreise denkbar schlecht vorbereitet.

Viele Kleinsparer verloren das meiste Geld. Kleinunternehmer mussten per sofort ihre Kredite zurückbezahlen oder gingen Pleite, da auch ihre Geschäftskonten ohne Erbarmen „geplündert" wurden. Insgesamt mussten sich Sparer und Selbständige 223 Millionen Franken ans Bein streichen. Die Liquidatoren „arbeiteten" sage und schreibe 15 Jahre an der Sache und verdienten sich ohne Zweifel eine goldene Nase dabei.

Zu dieser Zeit war ich selbständig und hatte ein Restaurant für fünf Jahre in Pacht. Bei der SKA (Schweizerische Kreditanstalt, heute CS, Credit Suisse) hatte ich ein Kontokorrent, das ich bei Bedarf bis zu einem gewissen Limit überziehen konnte. Nach etlichen Jahren mietete ich mein zweites Restaurant mit einem wunderschönen Garten. Dieses war aber sehr heruntergekommen und erforderte große Investitionen, um es wieder in Schuss zu bringen.

Mein Eigenkapital von 30.000 Franken genügte bei weitem nicht, und ich griff auf das Kontokorrent zu. Alles funktionierte wunderbar bis zu dem Tag, an dem ich von der Bank Post bekam mit der Aufforderung, innerhalb von fünf Tagen das Konto wieder auf die Habenseite zu stellen. Ziemlich ungläubig und wütend ging ich auf die Bank, um den Typen zur Rede zu stellen. Nein, es sei keine Ratenzahlung möglich, nur in dieser Frist von fünf Tagen sei die Schuld zu begleichen, ansonsten würden sie mich betreiben, so wurde mir angedroht. Niedergeschlagen und hilflos wurde ich nach Hause geschickt. Es war für mich unmöglich, in dieser Frist das Geld zu besorgen.

Um keinen Preis wollte ich fremdes Geld annehmen – und schon gar nicht einen Kredit. Ich beschloss, die Sache durchzustehen, mit womöglich einem Magengeschwür. Auch einige schlaflose Nächte und sonstige Unannehmlichkeiten wollte ich in Kauf nehmen. Es gab Einiges zu tun für mich. Alle irgendwie verwertbaren Sachen in ein geheimes Lager bringen, das ich bei einem Freund für eine gewisse Zeit angemietet hatte. Den Rest, darunter alles das, was ich von meinem Bruder gekauft hatte, hatte ich angeblich „nur für ihn zur Aufbewahrung“, und das gehörte ganz einfach nicht mir. Ich war fest entschlossen, dass die Bank keinen Cent von mir bekommen sollte.

Diese fackelte nicht lange, bezahlte die Unkosten beim Betreibungsamt und schickte mir den „Weibel“ (Vollzugsbeamten) auf den Hals. Aber nix gab es zu holen bei mir. In einem kurzen Schreiben orientierte ich meinen Bruder in Manila über die Sachlage und wie er sich zu verhalten hätte im Falle, dass das Konkursamt bei ihm nachfragen würde.

Oft habe ich intuitiv und richtig gehandelt in meinem Leben, so auch hier. Denn tatsächlich haben die Beamten meinen Bruder auf den Philippinen ausfindig gemacht, ihn kontaktiert und nachgefragt ob meine Angaben stimmen. Ernst bestätigte es, und die Bank ging leer aus. Außer Spesen nix gewesen. Ich überstand alle Widerwärtigkeiten und setzte meinen Schwur in die Tat um, dass die Bank niemals auch nur einen Rappen von mir bekommen würde. Inzwischen ist alles verjährt, und diese Bank musste zig Milliarden Strafe bezahlen wegen ihren Schummeleien, Abzocke und ungetreuer Geschäftsführung. Dazu kommt, dass diese und andere Banken immer wieder neu in die Schlagzeilen kommen und ein sehr ramponiertes Image haben.

Mut oder Dummheit… (oder beides)?

Ab und zu braucht man ein wenig Glück…

Also, es war während meiner Sturm-und-Drang-Zeit. Ich würde sagen, als ich so um die 20 Jahre alt war. Man könnte sagen, schon erwachsen. Wobei ich sagen muss, dass ich – gottlob! – heute noch nicht ganz erwachsen bin.

Ich war unterwegs, um einen Freund in der sogenannten „Manor Farm“ in Untersee bei Interlaken zu besuchen. Dort war ein kleiner Zoo mit allerlei Getier in einen Hügel gebaut. Ich hatte oft Mitleid mit den Viechern, wenn ich einen Besuch machte. Heute würde ich lauthals protestieren wegen Tierquälerei. Der Zweck meiner Besuche galt nicht nur den Tieren, sondern vor allem einem väterlichen Freund, der mir Vieles von den Tieren zu erzählen wusste und der hier als Tierwärter angestellt war.

Es war gegen Abend, als ich bei ihm ankam. Er war im Gehege, und weil ich ihn kannte, durfte ich ins Innere der Anlage. Nach einer kurzen Begrüßung und ein paar Schritten kamen wir bei zwei ausgewachsenen Kragenbären vor-

Genau dieser Kragenbär war es, der so liebenswürdig war und mich verschont hat. Foto: M. Rubin

bei. Nur ein großmaschiger Zaun trennte uns von den beiden. Paul, so hieß der Tierwärter, meinte, er werde mir nun etwas zeigen, was er mit den Bären mache, um das Vertrauen zu ihm zu stärken. Eine kleine Schüssel mit Erdnüssen stand vor dem Käfig auf dem Boden. Er nahm eine raus, steckte sie zwischen die Lippen, und schon kam einer der Bären angerannt und nahm ihm sie ihm sozusagen von Maul zu Maul weg. Ich war erstaunt über den Mut des Wärters.

Dann war Fütterungszeit angesagt. Paul ging ins Wärterhaus, um alles vorzubereiten. Dabei warnte er mich, dass ich mindesten einen Meter Abstand haben sollte, weil die Bären durch das Gitter greifen können. „Klar!“, sagte ich, denn ich hatte ja einen großen Respekt vor den Pelznasen. Immerhin überragten sie mich bei weitem, wenn sie aufrecht auf den Hinterbeinen standen. Ich schaute auf die Bären, dann auf die Erdnüsse, und da begann mich der Teufel zu reiten. Ich musste unbedingt herausfinden, wie es sich so anfühlt, von einem Bären „geküsst“ zu werden.

Gesagt getan. Ich steckte mir eine Erdnuss zwischen die Lippen und reckte ein wenig den Kopf nach vorne. Nicht lange und einer der Bären kam ganz nah ans Gitter, streckte plötzlich seine Pranke raus, umfasste meinen Kopf am Nacken und zog mich an sich heran. Ich sehe noch heute diese Riesentatze und die langen und gefährlichen Krallen vor meinen Augen. Sofort war mir eines bewusst: „Nun bist du ihm auf Leben und Tod ausgeliefert." Es gab kein Entrinnen mehr. Seine buchstäbliche „Bärenkraft" hielt mich fest gefangen. Er spitzte die Lippen, nahm die Erdnuss aus meinem Mund, fraß sie genüsslich, nahm seine Pranke von meinem Kopf und ließ mich wieder frei.

Ehrlich gesagt, alles kam mir plötzlich wie ein Traum vor. Irgendwie glaubte ich gar nicht, was da passiert war. Mit zitternden Knien, aber voller Stolz ging ich ins Wärterhaus zu Paul, sagte ihm, dass ich dem Bären eine Erdnuss gegeben hätte. Etwas misstrauisch schaute er mich an, aber ich kam seinen Fragen zuvor: „Nein, nein! Natürlich nicht so wie du. Ich hab sie ihm ins Gehege geschmissen."

Fazit: Mein Leichtsinn wurde nicht bestraft.

Fußball, mal so und mal anders

Fußball ist das halbe Leben. Stimmt, und für Einige nicht mal das halbe, weil er auch tödlich sein kann!

Nun, Fußball war auch für mich über längere Zeit ein schöner Zeitvertreib. Damit meine ich aktiven Fußball. Also Mannschaftssport war nicht unbedingt mein Ding, aber ich hatte so viel Individualsport betrieben, dass ich ab und zu gerne in einem Team spielte. Ich schätzte die Kameradschaft und den Teamgeist, und am Schluss eine Runde Bier (oder zwei) zusammen zu trinken, das stand für mich im Vordergrund. Ambitionen für höhere Aufgaben hatte ich im Fußball nie.

Ich war begeistert von diesem Sport bis…, ja bis zu diesem Tag: Es war der 29. Mai 1985, an dem ich eine Direktübertragung von einem Spiel aus dem Brüsseler Heysel-Stadion anschauen wollte. Es wurde zur Direktübertragung des Todes. 39 Menschen starben, erdrückt, erdrosselt und zu Tode getrampelt, als Fans aufeinander los gingen und eine Mauer zum Einsturz brachten. Von offizieller Seite wurde gemeldet, dass 454 Zuschauer verletzt worden seien. Ich erinnere mich, dass ich wie hypnotisiert auf den Bildschirm schaute und nicht glauben konnte, was da passierte. Das Schlimme daran war, dass das Fernsehen alles live und zum Teil in Nahaufnahmen gezeigt hatte. Man konnte die schmerzverzerrten und mit Todesangst erfüllten Gesichter in Großaufnahme sehen. Jahrelang versuchte ich die Bilder aus meinem Kopf zu verdrängen, zu vergessen. Aber Fußball war von da an für mich gestorben. Ich empfand nur noch Abscheu.

Man kann es fast nicht glauben, aber das Spiel wurde, wenn auch mit Verspätung angepfiffen und ausgetragen.

Wenn jemand mal so was gesehen hat und sagt: Fußball ist lustig und macht Freude..., dem sage ich: „Dann lies mal die Zeitung, schau dir diese Szenen an, und sage mir dann, was da noch Freude macht.

Für mich persönlich ist der Fußball in der jetzigen Form gestorben. Es ist zum Geschäft geworden für Abzocker, Betrüger und anderes Gesindel.

Noch ein Wort zu den sogenannten „Fans" (schon nur dieses Wort klingt in meinen Ohren wie Hohn): Vor noch nicht langer Zeit gab es ein Spiel zwischen dem FC Thun und dem FC Basel. Das Resultat ist nebensächlich. Die Thuner Fans wurden Jahr für Jahr ausgezeichnet als die fairste Anhängerschaft. Das Spiel war zu Ende, Zäune kannte man in Thun nicht. Warum auch? Alle wussten, wie man sich dort zu verhalten hatte. Da stürmten ein paar hundert von der Basler Fan-Gemeinde auf den Platz und machten aus dem kleinen schmucken Stadion Kleinholz. Nichts wurde verschont. Auf dem Weg zum Bahnhof benahm sich die Bande wie eine wild gewordene Stierherde. Scheiben klirrten, Autos wurden demoliert und Geschäfte geplündert.

Fazit: Es ist fast zum Alltag geworden. Aber das Geschäft „Fußball" muss weitergehen, und der Rubel muss rollen, also nimmt man vieles in Kauf. Ich habe seit damals nie mehr ein Fußballspiel angeschaut... und habe nicht das Gefühl, dass ich etwas verpasst hätte!

Die Schweiz: „Das Land wo Milch und Honig fließen“

Das habe ich so oft zu hören bekommen in meinen jungen Jahren. Nun, Milch und Honig gibt es sicher in großen Mengen, aber auch vieles Andere, was nicht so süß und nahrhaft schmeckt.

Ich erlebte viel Neid und Missgunst. Auch innerhalb der Familien, bei Nachbarn und Arbeitskollegen. Innerhalb von Vereinen, die es in der Schweiz in Massen gibt, können die Leute sehr gesellig sein. Als Einzelpersonen sind sie eher scheu und abweisend. Auch wenn auf dem Fußabstreifer *Welcome* steht, heißt das noch lange nicht, dass da nun Krethi und Plethi willkommen sind. Es wird schon sehr genau durchs Guckloch geschaut, wer da um Einlass begehrt. Da ist eher alles gut verschlossen und abgegrenzt.

Viele möchten gerne Weltmeister sein in allem. Mehr sein als sie in Wirklichkeit sind. Besser dastehen bei Kollegen. Und am Stammtisch sind viele unübertrefflich. Einzig über Geld, oder den eigenen Lohn wird nicht gesprochen. Ein Slogan in der Schweiz sagt: „Über Geld spricht man nicht, Geld hat man.“

Als vor vielen Jahren fast jeder Dritte in unserer Stadt Beamter war, der Beamtenstatus dann aber für die meisten abgeschafft wurde, gab es einen Aufschrei bei den Betroffenen. Entsetzen machte sich breit. Nun waren sie plötzlich nicht mehr unkündbar und konnten die Zeit nicht mehr sorglos und gemütlich im Büro oder auf dem Arbeitsplatz absitzen. In den Militärbetrieben und der Waffenproduktion wehte plötzlich ein steiferer Wind durch die Bude. Keine automatische Beförderung mehr für die größten Arschkriecher. Lohnerhöhungen gab es nach Leistung und nicht mehr für die, die am längsten krank gefeiert haben. Ich hatte einige Bekannte und Nachbarn, die dümmer und fauler waren als Hühnermist und sich am lautesten beklagten als sie zum normalen Arbeiter „degradiert“ wurden.

Neutral sei die Schweiz, höre ich oft. Wo die Neutralität wirklich anfängt und wo sie aufhört? Eine schwierige Frage, wenn man der Schweiz schon seit längerem *Adieu!* gesagt hat.

Für mich persönlich ist die Schweiz schon längst nicht mehr neutral. Überall mischen sie sich in Kriege ein, obwohl es sie nichts angeht. Ob politisch, militärisch, und was das schlimmste ist, mit Waffenlieferungen auch in Kriegsgebiete. Da muss ich mich nicht fragen, ob das Neutralität ist.

Warum überhaupt braucht ein so kleines Land eine starke und teure Armee? Für was sind die paar Panzer, Flugzeuge und sonstigen Waffen gut? Bei einem wirklichen Krieg wird dieses alles nichts mehr taugen. Da wird nicht mehr Mann gegen Mann, Panzer gegen Panzer oder Flieger gegen Flieger gekämpft. Da wird auf einer ganz anderen Ebene gemordet und gemeuchelt. Aber leider ist die Waffenlobby auch in der Schweiz sehr stark und hat das Sagen.

„Anpassen“ ist heute das Losungswort. Anpassen an die EU, anpassen an die UNO, anpassen an Amerika, anpassen an Schengen und alle übrigen Länder. Möglichst keine Selbstbestimmung mehr. Abschaffen der eigenen Meinungsfreiheit. Es möglichst allen recht machen, um ja nicht die Hochfinanz zu verärgern.

Was hätte dieses Land für ein Potenzial, wenn die Politiker mal ihre Intelligenz einschalten und zukunftsweisend arbeiten und regieren würden. Vorschläge gibt es zur Genüge!

Mammon regiert die Welt, aber insbesondere in der Schweiz. Als Auswanderer bekommt man das fast täglich zu hören und zu spüren. Im Ausland werde ich (fast) immer mit viel Geld, Banken, Neutralität, gutem Leben und schönen Schneebergen assoziiert.

Geld scheint genügend vorhanden zu sein für alles und alle. Eines der wichtigsten und stabilsten Mittel. Ein Beispiel: Wenn ein einfacher Arbeiter mit Familie in der Schweiz, sagen wir 5.000 Franken im Monat verdient, ein einfacher Arbeiter mit Familie in Ungarn umgerechnet 600 bis 800 Franken monatlich bekommt, so haben beide am Ende des Monats gleich viel – nämlich nichts!

Banken haben dazu beigetragen, dass die Schweiz im Ausland ein sehr schlechtes Image bekommen hat. Diese gierigen Abzocker erweisen der Schweiz einen wahren Bärendienst. Persönlich habe ich früher, während meiner Selbständigkeit, sehr gute Erfahrungen mit den Geldinstituten gemacht, was aber im Laufe der Jahre rapide abnahm.

So oft ich mich hier in Deutschland mit jemandem unterhalte, damit meine ich Leute in etwa meinem Alter, dann bekomme ich fast immer dasselbe zu hören: „Ja die Schweiz! Früher fuhren wir regelmäßig dorthin. Ist ja so schön. Urlaub im Sommer wie im Winter in den besten Hotels. Jetzt könnten wir uns das nicht mehr leisten bei diesen Preisen, die sie dort haben!"

Da ich als Schweizer meiner Frau Eva meine alte Heimat näher bringen will, fahren wir ab und zu in die Schweiz, wo wir uns einen Restaurantbesuch im Maximum nur einmal leisten können. Gott sei Dank haben wir ein Wohnmobil! Damit sind wir von allem unabhängig, können kochen und an einem schönen Plätzchen übernachten. Auf diese Weise kann man sich die Schweiz noch leisten.

Wenn ich schon bei der Kritik bin, kommen auch noch die Großkonzerne an die Reihe, insbesondere die Chemie. Was sich diese Giftmischer mit ihren Drogen leisten, haut jedem Fass den Boden raus. Sie scheffeln Milliarden, verteilen sie an Lobbyisten und Verwaltungsräte, die meist auf sehr hohen Sesseln im Bundeshaus und sonst wo in der Politik sitzen, damit die „Drogendealer" ihr Zeugs zu überteuerten Preisen an den Mann, respektive an Frau und Kinder bringen können.

Die Krankenkassen bezahlen ja beinahe jeden Preis. Apropos Krankenkasse: Mich wundert schon seit Jahren, dass die Schweizer Bürger sich mit diesem System zufrieden geben und die horrenden Prämien bezahlen. Wie wenn das noch nicht genug wäre, kommen noch haarsträubende Eigenbeteiligungen dazu wie: eine jährliche *Franchise** von mindestens 300 Franken, Selbstbehalt von zehn Prozent auf alle ärztlichen Behandlungen, Medikamente und Spitalkosten. Zahnbehandlung natürlich nicht inbegriffen!

Warum wurde eine viel kostengünstigere, staatliche Krankenkasse abgelehnt? Weil die Kassen alle selber ihr Süppchen kochen möchten, und um das zu erhalten, gaben sie Unsummen aus bei der letzten Abstimmung, um das Volk einzuschüchtern. Dazu kam, dass viele Lobbyisten vom Bundeshaus als Verwaltungsrat von irgendeiner Kasse sehr gut bezahlt werden. Und die sägen doch nicht am eigenen Ast, auf dem sie selbst sitzen.

Schon im Ausland lebend, kämpfte ich 10 Jahre lang (in Worten: zehn!) mit einer großen Krankenversicherung aus der französischen Schweiz. Die Leitung dieser Kasse bekam anfangs des 20. Jahrhunderts den Hals nicht voll und riss sich mit ihrer aggressiven Vorgehensweise zig Gesellschaften unter den Nagel und drangsalierte ihre eigenen Kunden. Ungerechtfertigte Prämienforderungen und nicht bezahlte Leistungen von der Kasse waren nur der Gipfel der Frechheit. Diese machtbesessenen Typen, diese Lügen- und Betrügerbande raubte mir den letzten Nerv und schränkte meine Lebensqualität über Jahre massiv ein. Sie mussten erst per Gerichtsbescheid für einige Jahre aus dem Verkehr gezogen werden und daher ihre Sessel räumen. Das Präsidium übernahm eine Frau. Sie war meine letzte Hoffnung, und ich sandte ihr einen sachlichen, aber freund-

---

* Das sogenannte *Franchise* bezeichnet in der Schweiz eine jährliche Abgabe, die im Minimum bei 300 Franken liegt. Je höher diese Selbstbeteiligung ist, desto weniger kostet die monatliche Prämie.

lichen Brief. Ich musste also bis in die höchste Firmeninstanz gehen, um endlich Recht zu bekommen und ich schließlich aus diesem Laden raus konnte.

Gott sei mein Zeuge, oder viel besser meine Frau Eva, der ich viel zu verdanken habe durch ihre Hilfe. Als ich am Ende war mit meinen Kräften, nahm sie sich der Sache an und trug viel dazu bei, dass es ein glückliches Ende nahm. Eva gab zwar nach einem Jahr „Kampf" auf, aber bis dahin hatte ich wieder soviel Kraft geschöpft, dass ich die Sache selbst zu Ende bringen konnte.

Fazit: Den Eidgenossen scheint es (noch) zu gut zu gehen. Doch genug kritisiert. Natürlich lebte und arbeitete ich gerne in der Schweiz. Lange Zeit war ich auch stolz darauf, Schweizer zu sein. Heute bin ich es eher nicht mehr.

Die Enge, das „Bünzlihafte", die Überbevölkerung, die Überfremdung trugen dazu bei, dass ich dem Land ohne Wehmut den Rücken kehrte und auswanderte.

Im übrigen hat die Schweiz bis dato an mir geschätzte 200.000 Franken gespart. Mit meiner kleinen Rente könnte ich in der teueren Schweiz nicht überleben und hätte wohl Anspruch auf eine hohe staatliche Zusatzrente, die mir aber natürlich ins Ausland nicht bezahlt wird.

E viva la Svizzera!

Unfälle: Der „fast"-Unfall

Unfälle passieren oft, wenn man sie nicht erwartet. Ab und an ist man selber schuld, dann wieder jemand anders. Wie oft in meinem Leben schrammte ich an einem Unglück vorbei! So geschehen bei meiner allerersten Klettertour auf die „Lobhörner" mit meinem Freund „Schaggi". Hüttengaudi und einen schönen Bergspaziergang hatte ich erwartet, bis wir vor der Felswand der „Zipfelmütze“ standen, und er mir erklärte: „Da hinauf wollen wir gehen.“ Etwas ungläubig schaute ich nach oben auf eine fast senkrechte Wand. Etwas ironisch sagte ich zu Schaggi: „Also nur diesen Berg? Ich dachte, dass es mindestens die Eigernordwand sein sollte.“

Mir war echt mulmig zumute, aber ich wollte mir so wenig wie möglich ansehen lassen. So richtig beruhigen konnte er mich auch nicht, als er erklärte, dass er vorausgehen und mich dann absichern würde. Nun, ich vertraute ihm und los ging die Kletterei.

Nach oben ging es eigentlich ohne größere Probleme, da ich den Anweisungen von Schaggi folgte und die Dreipunkte-Sicherung konsequent einhielt. Was bedeutete, dass ich immer mit beiden Beinen guten Stand hatte und mich mit einer Hand am Felsen festhielt, oder beide Hände am Fels und ein Bein ging einen Schritt weiter. So kamen wir glücklich auf dem Gipfel an, und Schaggi packte den obligaten Gipfelwein aus.

Wo wir hochgekraxelt waren, mussten wir auch wieder runter, und runter geht es oft schneller als einem lieb ist. Schaggi wollte auf Nummer sicher gehen und lies mir den

Die Lobhörner. Unverkennbar die Zipfelmütze (cirka 1964), meine erste richtige Felskletterei. Foto: M. Rubin

Vortritt. Der erste Teil ging flott und unproblematisch bis zu der Kante, wo der eigentliche Abstieg begann. Na, wo sollten da jetzt noch Probleme auftauchen, und freute mich schon über die erfolgreiche Erstbesteigung. Von Schaggi sah ich nichts mehr, griff nach dem Seil, das er mir über die Kante zugeworfen hatte, mit den Worten: „Ich werde dich von oben sichern, und du kannst dich bequem über die Felswand abseilen!" Dumm war nur, dass ich keine Ahnung hatte, wie man sich das Seil um den Körper , damit man bequem eine glatte, fast senkrechte Felswand runterkommt. Klettergurte gab es zu dieser Zeit noch nicht, oder wir hatten keine dabei.

Voller Optimismus rief ich nach oben, dass alles o.k. und ich mit dem Anbinden beschäftigt sei. Aber damit begannen auch meine Probleme. Meine Position als einen sicheren Stand zu bezeichnen, wäre etwas übertrieben, wenn ich an den schmalen Felsvorsprung denke, auf dem nur für meine Fußspitzen Platz war. Die eine Hand an einer Kante festgeklammert, versuchte ich mit der anderen das Seil fachgerecht um meinen Körper zu schlingen damit ich frohgemut die steile Wand hinunter gleiten konnte. Die Frage war nur, wie geht „fachgerecht"!

Dass ich das Seil nicht um den Hals wickeln sollte, war mir bekannt, aber viel weiter wusste ich nicht. Also rief ich Schaggi um Hilfe, der für mich unsichtbar hinter der Kante stand mit dem Rest Seil in der Hand, das er um einen kleinen Felsen geschlungen hatte, um mich zu sichern. Ich hörte seine Stimme: „Nimm das Seil unter deinem linken Arm durch, steig mit dem rechten Bein darüber und wickle es um deinen Oberschenkel. Damit hast du eine Bremse!" Ach ja, so einfach war es eben nicht. Vor allem, da mir langsam aber sicher die Kräfte schwanden und ich demzufolge abzustürzen drohte.

Ich verkrampfte mich immer mehr, da ich die Füße durchstrecken musste, um nicht vom Felsband abzugleiten, da ich keine Metalleinlagen in den Schuhen hatte, die mir mehr

Halt gegeben hätten. Zuerst fing ein Bein an zu zittern, dann das zweite. Mit der einen Hand krallte ich mich am Felsen fest, mit der anderen versuchte ich verzweifelt, Schaggis Anweisungen in die Tat umzusetzen. Ich wollte meinen Freund nicht in Panik versetzen, darum fluchte und jammerte ich nur leise vor mich hin und war wütend über meine eigenen Unfähigkeiten. Angst abzustürzen hatte ich nicht, obwohl meine Situation hoffnungslos erschien und ich mich nur noch dank meiner guten Kondition auf den Zehenspitzen halten konnte.

Langsam aber sicher verließen mich die Kräfte. Im letzten, aber wirklich im allerletzten Moment gelang mir die richtige Schlinge um Körper und Bein. Das war verdammt knapp! Fast wäre es die erste und auch zugleich die letzte Kletterei gewesen.

Aber war das dann ein geiles und schönes Gefühl, sich mit den Füßen von der Felswand abzustoßen, um immer 2–3 Meter nach unten zu gleiten! Glücklich und unversehrt kam ich unten an.

* * *

Jung und unbesorgt war ich auch, als ich in meinen größten Unfall hineinrasselte.

Es war an einem Wochenende im November. Das Wetter kalt und frostig. Zu viert waren wir in Interlaken unterwegs. Karten spielen, flippern, saufen und dumm quatschen war angesagt.

Bei „Beizenschluss" wollte keiner ins Bett oder nach Hause gehen. Da kam die Frage: „Was unternehmen wir als nächstes?" In Thun gäbe es noch eine gute Bar, da sollten wir hingehen, schlug der Chrigel vor. Ja gut, aber wie kommen wir nach Thun? Da keiner von uns ein Auto besaß, aber der Hänsel als einziger einen Führerschein hatte und einen Freund, der so einen Untersatz besaß, diesen aber im Moment nicht brauchte, zog er los, um die Kiste für eine „Spritztour" zu leihen.

Nach ein paar Minuten war er samt Auto wieder bei uns, und los ging's. Über die Beatenbucht, dann den Thunersee entlang Richtung Thun. Ich saß vorne rechts als Beifahrer, als das Auto in einer Linkskurve, bei eisiger Straße ins Schlingern kam. Seitlich und ungebremst rasten wir auf eine etwa ein Meter hohe Mauer zu. Wir prallten auf der Beifahrerseite auf, und das Auto blieb seitlich, stark demoliert auf einer Böschung liegen. Mich schleuderte es an den Fensterrahmen, und von da an war bei mir die Lampe aus.

Wie mir später erzählt wurde, ging die Frontscheibe in die Brüche und fiel aus dem Rahmen. Fahrer und Mitfahrer krochen über mich hinweg ins Freie. Als sie die Sinne wieder beisammen hatten, zogen sie mich aus der Kiste und schleppten mich zum Seeufer auf eine Bank. Was jetzt zu machen ist, war die große Frage.

Irgendwo ging ein Fenster auf und jemand schrie: „Ruhe jetzt!" und rief die Polizei. Bevor diese eintraf, stoppten meine Freunde ein Auto, und der Fahrer war bereit, mich ins Spital nach Interlaken zu fahren. Blutüberströmt und schwer beduselt lieferte er mich im Krankenhaus ab.

Ab jetzt passierten für mich sehr kuriose Dinge: Ich lag auf dem OP-Tisch, und ein Doktor machte sich an mir zu schaffen. Diagnose: Fraktur der Schädeldecke, schwere Gehirnerschütterung und Kopfschwartenriss. Das war genug um mich für einige Zeit flach zu legen.

Und nun begann für mich das Unerklärliche, was mir aber bis heute sehr präsent ist. Als der Doc an mir zu hantieren anfing, sagte ich zu ihm, ich hätte Metzger gelernt und könnte ihm dabei helfen. Anscheinend wollte er von meinem Vorschlag keinen Gebrauch machen. Also stand ich auf, das heißt: Mein Geist stieg aus meinem Körper, ging ums Bett herum und stellte sich neben den Doktor, der am Kopfende auf einem Stuhl saß, um den vor ihm liegenden Typen zu behandeln. Ich ließ nicht locker und sagte noch einmal: „Ich bin Metzger und verstehe was von der Sache, ich kann wirklich helfen!"

Leider ließ er mich nicht ran, also schaute ich ihm zu, wie er mit Nadel und Faden den Riss zusammennähte. Da kam plötzlich eine Krankenschwester zur Tür hinein und blieb neben uns stehen. Sie sprachen etwas miteinander, das ich aber nicht verstand, oder eben vergessen habe. Ich erinnere mich nur daran, dass es beide wohl lustig hatten und viel kicherten.

Ab dann war bei mir der Spuk vorbei, und ich kehrte in meinen Körper zurück.

Pech hatte ich mit meinen Freunden, die mich in ein schlechtes Licht brachten. Die drei wurden von der Polizei nach Thun gebracht, um sie zu befragen. Danach feierten sie auf dem Heimweg im Zug nach Interlaken und kippten sich ein paar Bierchen hinter die Binde.

Anschließend wussten sie nichts besseres, als mich im Spital zu besuchen. Lachend und laut grölend standen sie an meinem Bett. Dies rief allerdings im Nu die resolute Oberschwester auf den Plan, und die schmiss die Bande raus. Ab jetzt hatte sie mich nicht mehr ins Herz geschlossen, sondern in eine Schublade gesteckt mit Alkoholikern, Licht- und Arbeitsscheuen und anderem Gesindel zusammen.

Auf diesem Bild hatte ich noch keinen Dachschaden. Foto: M. Rubin

Nach fünf Tagen Aufenthalt im Spital kam der Arzt zu mir und sagte: „So Herr Rubin, bevor wir sie nach Hause entlassen, machen wir noch einen Test." Da ich bis dahin noch keine Minute auf den Beinen war, torkelte ich über einen imaginären Strich im Zimmer und versagte in allen Aufgaben kläglich.

Ein „Anschiss" vom Arzt blieb nicht aus, und er schimpfte mich, wieso ich der Oberschwester gesagt hätte, dass ich heute entlassen werden möchte?

Da hatte tatsächlich diese Hexe von sich aus gesagt, dass ich heute nach Hause wolle! Einfach darum, weil sie mich loswerden wollte.

Nun ja: Ende gut, alles gut! Auch den „Dachschaden" habe ich gut überstanden.

Abenteuer und Erlebnisse

Nun ja, ich tu mir echt schwer mit dem Wort „Abenteuer". Das Wort wird heute zu oft von Reiseveranstaltern „missbraucht". Kamel- oder Elefantenreiten scheint schon ein besonderes Abenteuer zu sein. Das durch und durch Organisierte ist nur ein „Scheinabenteuer".

Obwohl ich Vieles unternommen habe, kam es mir kaum vor wie ein „Abenteuer". Vieles was ich erlebt habe, hätte ich nie unter diese Rubrik einsortiert. Bei mir standen eher die Begriffe „gelingen" oder „nicht gelingen" im Vordergrund. Das oder die Abenteuer kamen fast immer von selbst. Weil ich sie durch mein Tun selbst herausgefordert habe.

Wann hört der Nervenkitzel auf, wann beginnt das Abenteuer? Wikipedia unterscheidet zwischen „echtem" und „Pseudo-Abenteuer". Das echte Abenteuer sei, so Wikipedia weiter, ein solches, „dessen Bewältigung persönlichen Einsatz, Mut, Angstkontrolle und Wagniskompetenz erfordert. Der Ausgang ist ungewiss und kann dem Wagenden auf physischer, emotionaler und mentaler Ebene Schaden und Leid zufügen. "

Geht es gut aus, so ist es eine Bereicherung im Leben.

Nicht alles kann man Abenteuer nennen, aber nennen wir es „Erlebnisse":

– Klettern in Eis und Fels (kalkuliertes Risiko).

– Die insgesamt fünf Abfahrten im Montblanc-Massiv (*Aiguille du Midi*) von fast 4.000 Meter, bis runter über den Gletscher nach Chamonix auf etwa 1.000 Meter (mit zwei lieben und erfahrenen Freunden ging immer alles gut).

– Eine Ballonfahrt in den Bergen mit einer mittleren Bruchlandung (außer bei der Bruchlandung musste ich dabei nicht aktiv sein). Im Detail sah die Landung so aus:

Da der Pilot befürchtete, dass uns der Wind über die Alpen Richtung Italien trieb, musste unbedingt, sozusagen „auf Teufel komm raus", eine schnellstmögliche Landung her. Aber wo in den Bergen landen, wo kein Fußballfeld oder sonst eine ebene Wiese in Sichtweite war? Da musste zur Not eine Böschung herhalten, die recht steil nach links abfiel. Wir waren zu sechst im Korb und der Pilot gab uns genaue Anweisungen, wie wir uns zu verhalten hätten: Runter ducken im Korb und festhalten. Auf keinen Fall loslassen oder gar aussteigen, da der Ballon mit weniger Gewicht gleich wieder in die Höhe schnellen würde. Da ich so ziemlich Bergerfahrung hatte, war ich gespannt, was hier auf uns zukommt. Der Boden näherte sich schneller als gedacht, der Korb prallte auf, schüttelte uns heftig durcheinander, machte wieder einen Sprung nach oben, um dann ein zweites Mal aufzuschlagen. Der Wind riss an der Ballonhülle, und die schleppte uns quer über den Abhang.

Ich hatte den Eindruck, dass ich aktiv werden musste, kraxelte nach draußen, krallte mich am Korb fest und ließ mich noch einige Meter mitschleifen. Auf diese Weise und mit Hilfe des Piloten konnten wir das Ganze zum Stillstand bringen. Als der Ballon seine Energie verpufft hatte und die warme Luft entwichen war, durften auch die anderen Passagiere, etwas bleich und „kötzerisch", aussteigen.

– Ein Tandemflug mit dem Gleitschirm von der „Kampenwand" runter ins Dorf. (Der Pilot hatte das Sagen.) Diesen Flug gönnte ich mir zum 75. Geburtstag. Was mich freute war, dass der Pilot Vertrauen hatte und mich ohne zu zögern vorne an sich anhängte.

– Mit einem Doppeldecker aus den 50er Jahren, der früher als Akrobatikflugzeug verwendet wurde, in den Bergen rumkurven (leider durfte ich nur für kurze Zeit an den Steuerknüppel).

– Eine Zugfahrt (Personenzug) von Brig (Schweiz) nach Domodossola (Italien) und zurück mit einem Güterzug bis nach Thun.

Das ungewöhnliche an dieser Fahrt war, dass ich im Führerstand war und beide Züge als Lokführer (unter Anweisungen eines echten Lokführers) bedienen konnte. Wenn du solche Leute kennst wie Fritz, meinen Freund und Stammgast in meiner Beiz, die dein Leben bereichern, dann sei stolz und dankbar!

Fritz klärte mich auf, wie ich mich im Falle einer Kontrolle bei einer Haltestation zu verhalten hätte, weil das Mitfahren im Führerstand strengstens verboten war: „Sei mit allen per du, egal wer vor dir steht!", riet er mir.

Von Thun nach Brig fuhren wir als Normalos, also ich als zahlender Passagier, um dort einen Personenzug nach Domodossola (Italien) zu übernehmen, der fast bei jedem Misthaufen anhielt, da es sich um einen Feierabendzug handelte, welcher vielen Leuten aus Norditalien die Gelegenheit gab, als Pendler in der Schweiz zu arbeiten. Fritz zeigte mir, wie man so einen Zug zu bedienen hatte, ab wann man mit dem Stellrad zurückdrehen musste, um den Zug punktgenau an einer vorgesehener Stelle zum Halten zu bringen. Wissbegierig wie ich war, lernte ich die Signale, wann zu pfeifen und – was wichtig war – das „Totmannspedal" zu drücken war. Das war sehr wichtig, denn wenn man eine Minute lang keine andere Funktion betätigt hatte, musste man das Pedal runterdrücken, ansonsten würde der Zug nach einer kurzen Zeit eine automatische Vollbremsung durchführen.

Das Verrückte war, dass Fritz schon nach der dritten Station nach Brig seinen Platz räumte und mich aufforderte, die Lok zu bedienen. Zwei bis drei Stationen schaute er genau hin, was und wie ich es tat, gab noch die eine oder andere Anweisung, dann setzte er sich entspannt neben sein Fenster, und ich fuhr bis Domodossola selbständig im Bahnhof ein.

Zwei Stunden und ein feines Nachtessen später hieß, es eine 500-Tonnen-Ladung zu übernehmen, die von Domodossola nach Zürich gefahren werden sollte. Fritz „fuxte" mich kurz in die neue Maschine ein, und ab ging die Fracht Richtung Brig. Erstaunt war ich, was so eine Lok für eine Zugkraft entwickeln kann. Da es sich um einen Gütertransport handelte, war eine Non-Stop-Fahrt angesagt. Weil Fritz etwas Ungewöhnliches bemerkt hatte und es sich dabei um eine Bremse handelte, die sich an einem Wagon nicht richtig gelöst hatte, machten wir in Brig einen Zwischenhalt.

Fritz stieg also aus, um die Bremsen zu kontrollieren, als ein Typ vom Bahnhofspersonal in den Führerstand kam und mich fragte, was denn das für eine Lok sei? Ich, soviel wusste ich, sagte mit vollem Selbstvertrauen: „Na, eine Vierli (Vier) natürlich." Das bedeutete, dass die Lokomotive vier Antriebsachsen hatte. Viel mehr wusste ich eigentlich auch nicht und gab dem „Eindringling" zu verstehen, dass ich jetzt noch Einiges zu tun hätte und es im übrigen verboten sei, dass sich in der Führerkabine fremde Leute aufhielten. Er verstand und verschwand ohne weitere Fragen. Hahaha!!

Weiter ging die Fahrt Richtung Kandersteg und somit durch den Lötschbergtunnel. Ein wenig mulmig wurde mir, als wir auf das Loch zurasten und ich das Gefühl hatte, dass 1. der Tunneleingang zu schmal sei, und 2. die Felswand unsere Seitenfenster demolieren würde. Alles ging gut, und um 3 Uhr morgens fuhren wir in Thun ein. Der Stationsvorsteher kam auf mich zu und fragte nach dem Grund unseres unvorhergesehenen Halts. Was er nicht wusste war, dass wir hier Feierabend hatten und ein Fahrerwechsel bevorstand, der die Fracht dann noch bis Zürich fuhr.

Der Chef akzeptierte meine Darlegung und fragte, ob wir Zimmer benötigen, die man in jedem grösseren Bahnhof gratis bekommt, wenn das Spätschichtpersonal keine Möglichkeiten mehr hat, mit einem Zug weiterzufahren, um nach Hause zu kommen. „Nein, vielen Dank, wir wohnen privat." Hihihi…

(PS: Mein Freund Fritz und ich wohnten beide in Thun.)

Für viele mag das bisher Erzählte Abenteuer und Erlebnisse genug sein, für mich war es (meistens) ein riesiges Vergnügen, Freude, Lust und ein wenig Nervenkitzel.

Abenteuer und Erlebnisse kamen bei mir meist ungewollt. Wie aus heiterem Himmel. Ein paar „Müsterchen" erzähle ich hier noch im Folgenden.

Eine Reise in die Ukraine

16. August 1993: Es war heiß, sehr heiß auf der Fahrt mit dem alten Ford Taunus 20m quer durch Ungarn. Wir waren ganz im Osten von Ungarn angekommen, als ich mir in den Kopf gesetzt hatte, über die Grenze in die Ukraine zu fahren. Wiederholt war ich gewarnt worden, es nicht zu wagen. Was mir passieren könnte, hatten die Ungarn mir gezeigt, indem sie ein Maschinengewehr nachgeahmt und eine Salve losgeballert hatten. Ich kannte ja die Ungarn schon ein wenig – bei allem immer übertreiben, das können sie.

Frühmorgens fuhren meine zwei Begleiterinnen und ich los. Mit mir im Auto also Inge und Frieda, wobei letztere nicht schlecht russisch konnte, was dann doch sehr hilfreich war, wie sich später herausstellte. An der Grenze zur Ukraine warteten etwa ein Dutzend Autos. Schleppend, oder fast gar nicht, kamen wir vorwärts. Frieda fragte einen Einheimischen, der wie wir in der Schlange wartete, wie lange es in etwa dauern würde bis über die Grenze. „Das kann dauern“, meinte er, „so zwischen zwei Stunden und einem Tag.“

40 Grad im Schatten ist kein Zuckerschlecken, und meine Begleiterinnen fingen an zu maulen. Nur durch gutes Zureden und das Versprechen, dass wir alle ganz, ganz fein essen gehen würden, sobald wir über die Grenze seien, konnte ich sie beruhigen. Nur noch zwei Autos vor uns, hurra, es geht vorwärts! Bis nichts mehr ging. Die Grenze war geschlossen und der Schlagbaum unten. Wieder kam der „Einheimische“ ins Spiel. Auf die Frage was jetzt los sei, meinte er mit aller Selbstverständlichkeit: „Die Zöllner haben Brotzeit, da geht einige Zeit nichts mehr.“

Wir hatten Glück, die Brotzeit dauerte „nur“ eine Stunde... Na, aber jetzt, wir waren dran.

Ein Zöllner winkte uns beiseite, irgendwo weit weg von dem Schuppen, das sich „Zollgebäude“ schimpfte. Erneutes Warten war angesagt. Irgendwie hatte niemand Lust, sich um uns zu kümmern. Also zückte ich den Fotoapparat, um ein paar Beweisfotos zu schießen, bis ich plötzlich in drei Maschinengewehrläufe guckte. Unmissverständlich wurde mir klar gemacht, dass Fotografieren mit Gefängnis bestraft werden könnte. Immerhin hatte ich erreicht, dass sich jemand erbarmte und sich unserer annahm.

Passkontrolle, Autopapiere, dazu die Frage: „Wo geklaut, und wo wieder verkaufen?“ Wie sich herausstellte, hatten die Zöllner bislang noch nie ein Autokennzeichen aus der Schweiz gesehen. Als Frieda unsere Absicht erklärt hatte und die Leute es offensichtlich auch verstanden hatten, ging es ruckzuck. Zuerst mal 30 Franken in „Kupon“ wechseln. Die Währung wechselte damals wie ich meine Unterhosen. Dann ging‘s los zum ersten Schalter. Frieda an meiner Seite. Bei uns sieht jeder Hühnerstall besser aus als dieses „Büro“. Ein uraltes zerschlissenes Sofa, auf der ein angefangenes Strickzeug lag, ein kleines Tischchen, ein Stempelkissen und Stempel. Nicht mehr und nicht weniger.

Und so sahen auch alle anderen „Büros“ aus, in die ich der Reihe nach geschickt wurde. Unisono hatten „ alle Bürolistinnen“ knallrote Fingernägel und ebenso rot die Lippen geschminkt. Ein Blick in den Pass und ein Kopfnicken bedeutete, dass ich mich schleichen sollte zum nächsten Büro. Die nächste hatte keine Zeit, da sie im Moment mit Nägellackieren beschäftigt war. Das ging so rundum. Zwei „Formulare“ musste ich ausfüllen. Natürlich waren die Fragen nur auf russisch. Willkommen im tiefsten Sozialismus und in der Planwirtschaft!

Nach der zweiten Runde wusste ich, dass ich die Strategie ändern musste. Frieda organisierte mir aus dem Auto Schweizer Schokolade, die ich als „Köder“ zusammen mit dem Reisepass abgab. Die Schokolade war zwar zu Pudding geschmolzen, aber das Bild mit der Alp, einer Kuh mit Kulleraugen und dem Gletscher im Hintergrund war schon Grund genug, um endlich den Stempel in die Hand zu nehmen und ihn auf irgendein Papier zu drücken. Nach sechs Tafeln Schokolade und einer Stunde Wartezeit durfte ich endlich ins Hauptbüro, um dort den Stempel in den Pass zu bekommen. Das einzige Möbelstück, das auffällig war, war ein mannshoher Kassenschrank mit einer Doppeltür. Das Geheimnis dessen Inhalts lüftete sich, als ein Zöllner reinkam, beide Türen des Schranks öffnete und seine „Juwelen“ darin verstaute. Das untere Fach war in etwa zur Hälfte gefüllt mit Kosmetika, Nylonstrümpfen, Unterwäsche, und was das weibliche Geschlecht noch so alles braucht. Das obere Fach quoll fast über mit Salami, Schinken, Speck und Würsten in jeder Form und Größe. Das alles waren die kleinen sichtbaren Geschenke an die Zöllner. Geldspenden „verwaltete" der Boss persönlich. Nach gefühlten 3 – 4 Stunden durften wir lebend und unbeschadet die Grenze passieren.

Hier ist das Abenteuer zu Ende, aber nicht die Geschichte. Ein paar Sachen gibt's noch zu erzählen:

Kurz nach der Grenze ging es auf die Autobahn – wenn man diese Piste so nennen kann. Sie war breit, sehr breit. In der Mitte war ein 4–5 Meter breiter Asphaltstreifen. Auf dem fuhren alle, also auch der Gegenverkehr. Ohne weißen Streifen oder Abgrenzung in der Mitte. Wer die besseren Nerven hatte blieb auf dem Pflaster, der andere wich aus in den Schotter. Außer bei Lastwagen gab es keine Diskussion – der Schwächere gibt nach.

Bei brütender Hitze und kurz vor dem Verdursten schwenkte ich von der Autobahn ab, um in einer Ortschaft nach Trinkbarem zu suchen. Endlich! Wir passierten eine größere Ortschaft, da stach uns eine Reklametafel ins Auge mit dem Vermerk: „Super market" Genau was wir suchten!

Die Stimmung stieg, als wir die Türe zum „Super market" öffneten. Fünf Damen an fünf Kassen empfingen uns. Stumm und ungläubig schauten sie uns an, und wir ebenso in die leeren Regale, wo absolut nichts war. „Trinken, bitte, wir möchten Trinken kaufen", dolmetschte Frieda. „Njet", war die Antwort. „Essen", dabei zeigte ich mit drei Fingern auf meinen Mund und dann mit der Handfläche auf den Magen. „Da, da!" (*russisch für:* „Ja, ja!"). Oha, nun kam Leben in die Bude.

Geschäftstüchtig führte uns eine der Verkäuferinnen um die Ecke, eskortiert von den anderen vier Damen, und tatsächlich da standen etwa ein Dutzend Fünf-Liter-Einmachgläser in einem Regal. Zum einen gefüllt mit eingemachten Salzgurken, die anderen mit Krautsalat. Hmmm, das war das einzige was uns angeboten wurde, wir aber im

Moment nicht als Nahrung erkennen wollten. Ohne Erfolg und mit hängenden Köpfen verließen wir den „Super market“.

Weiter ging es auf der Suche nach Trinkbarem. Eine Stadt kündigte sich an. Rein ins Zentrum, Auto stehen lassen und auf die Suche nach irgendwas. Wir fanden ein großes, sehr großes Warenhaus und waren uns sicher, hier das Gesuchte zu finden. Und was wir alles fanden: Von der Stecknadel über Heugabel und Vorschlaghammer bis zu einem riesigen Landschaftsbild, in Öl gemalt mit pompösem Rahmen.

Nun musste etwas Entscheidendes geschehen, ansonsten würde ich von meinen beiden Begleiterinnen verachtet. Schmiergeld war schon immer und fast überall ein „Lösungsmittel“. Ich zog eine Ein-Dollar-Note (in Osteuropa hatte ich immer viele verschiedene Währungen in der Tasche) heraus und präsentierte sie einer Verkäuferin, die uns schon seit einiger Zeit diskret folgte und beobachtete. Ich bat Frieda, so gut wie möglich zu übersetzen: „Bitte, gnädige Frau, sie bekommen von mir einen Dollar geschenkt, wenn sie uns das beste Restaurant in der Stadt zeigen, oder uns erklären können, wo wir es finden.“ Fasziniert und ungläubig schaute die Dame auf den kleinen Schein, ein kurzes Gespräch mit dem Chef, Lippen schminken, Wangenrouge auftragen, Haare in Ordnung bringen, die Bluse glatt streichen, und schon ging es los. Kreuz und quer führte sie uns zielsicher durch die Stadt zum „besten“ Restaurant. Ein wunderschöner Park empfing uns. Die zwei Meter hohen Mauern waren mit Rosenhecken bewachsen, Blumengärten soweit das Auge reicht. Alte, riesengroße Bäume spendeten Schatten, und die Bänke luden zum Verweilen ein. Lebensgroße, wundervoll geschnitzte Sandsteinfiguren konnte man bewundern.

Leider, ja leider war alles marode, ungepflegt und am Vergammeln. Ein Springbrunnen der vor Jahren zum letzten mal „gesprungen“ hatte und ein Becken voller Abfall. Die ganze Anlage inklusive Restaurant sei bis vor Jahren eine Absteige für gut betuchte und linientreue Kommunisten gewesen, brachte ich in Erfahrung. Seid aber die „lieben“ Russen abgezogen waren, kümmere sich niemand mehr um den Betrieb, und noch weniger um das Personal.

Unsere Begleiterin informierte die Chefin. „Die Gäste wollen viel trinken und viel essen“, gab sie in Auftrag. Also wurde uns auch gleich eine Runde Schnaps serviert. Schnaps? Haha, dagegen ist Brennsprit ein süßes Wässerchen... Unsere Gastro-Reiseleiterin prostete uns zu und sagte, dass dieses „Getränk“ auf ihre Kosten gehe, da es für uns zu teuer sei! Protestieren half nix.

Viel Wasser, viel Wein, eine Suppe mit starkem Lebergeschmack und irgendwelchen undefinierbaren Einlagen, eingemachte Gurken, Krautsalat, panierte Schnitzel, Kartoffeln, Reis, Gemüse in Hülle und Fülle. Süßigkeiten, Kaffee und noch ein Schnaps rundeten das ganze Menü ab. Es war nicht die feine französische Küche, aber das Essen war gut, und niemand bekam Bauchschmerzen. Ich hoffte, dass meine 30 in Kupon gewechselten Franken reichen würden, ansonsten müsste ich auf eine andere Währung ausweichen, dachte ich und verlangte die Rechnung. Die Chefin kam und kritzelte alles aufs Papiertischtuch, Strich darunter, und am Schluss stand eine irrsinnig hohe Zahl auf dem Papier. Ich wurde langsam nervös und fing an zu schwitzen. Aber Eine kurze Umrechnung sagte mir, dass mich das ganze nur fünf Schweizer Franken gekostet hatte!

Viele neue Eindrücke aus der Ukraine begleiteten mich noch viele Jahre.

Abenteuer: Der Eventmanager

Oh la la, ich war zu einem „Eventmanager“ geworden und wusste es gar nicht! Aber das wurde mir gesagt, als sie mich anriefen und so jemanden suchten. Dabei kam mir folgender Witz in den Sinn: „Gestern wusste ich noch nicht, wie man ‚Ängscheniör‘ schreibt, heute bin ich einer...!“

O.K., Spaß beiseite, nun wird es Ernst: Die Anfrage war, ob ich ein mittelgroßes Fest veranstalten könne. Ungarisches Essen und ungarischer Wein sollten es sein. Einfach ein schönes ungarisches Fest mit allem drum und dran. Da diese Leute wussten, dass ich einen Draht nach Ungarn hatte, war ich in ihren Augen der richtige Eventmanager.

Mit Freuden sagte ich zu und begann gleich mit den Vorbereitungen. Ungarische Musik und Dekoration hatte ich zur Genüge. Dazu plante ich eine Diashow mit Bildern aus ganz Ungarn. Das Angenehme mit dem Nützlichen verbinden war meine Devise, und ich fuhr für eine Woche nach Ungarn zum Einkaufen. Einen Tag „opfern" für den Einkauf, fünf Tage das Leben genießen mit Freunden beim Kesselgulasch kochen, Speck braten, Thermalbaden, usw. usf. Natürlich musste ich auch die vielen Weinkeller besuchen und die neuen Weine degustieren. Nach einer Woche war ich so weit. Den Kofferraum bis rauf zum Deckel gefüllt mit viel Rot- und Weißwein, lieblich und trocken, Salami in allen Variationen, Würste, Schinken und Paprika. Alles aufzuzählen ist nicht möglich, aber das Auto war bis auf den Fahrersitz vollgepackt. Jeder Stauraum wurde ausgenützt, selbst unter den Vordersitzen hatte ich einige Flaschen *Palinka* (Schnaps) deponiert.

Oberstes Ziel war, damit bei einer eventuellen Zollkontrolle an der Schweizer Grenze nicht aufzufallen, schließlich wollte ich die Ware der Rendite wegen unverzollt nach Hause bringen. Außer beim Grenzübergang in die Schweiz gab es nie etwelche Probleme.

Aber auch für diesen habe ich einen Trick bereit, der bisher immer funktioniert hat. Da ich mein Auto ja immer mit allerlei Ware gefüllt habe, schreibe ich peinlichst genau auf, was ich zu verzollen gewillt bin. Auch diesmal schrieb ich auf einen Zettel, was für Ware ich zu verzollen hatte: 8 Flaschen Rotwein á 7dl = 5,6 Lt. und 8 Flaschen Weißwein á 7dl. = 5,6 Lt. Zusammen 11,2 Lt. Wein. Einige Liter sind zollfrei, für den Rest investiere ich gerne ein paar „Fränkli".

Rein gefühlsmäßig wählte ich dieses Mal einen eher kleinen Grenzübergang. Morgens um zwei Uhr war der Übergang nur im Ein-Mann-Betrieb. Freundlich wurde ich nach dem Pass gefragt, und ob ich was zu verzollen hätte. Pflichtbewusst wie ich bin, gab ich die oben genannte Menge an. „Gut, Herr Rubin, fahren sie bitte nach vorne, dort finden sie die Zahlstelle, an der sie nach Abzug der zollfreien Ware, den Rest bezahlen können".

Innerlich überfreudig tuckerte ich die 20 Meter nach vorne und stieg aus. Ein Griff in meine Hosentasche sagte mir, dass da keine Geld vorhanden war. „Wo zum Teufel ist denn mein Geld?" Ich begann zu überlegen, weil ich wusste, dass ich irgendwo 300 Franken versteckt hatte. Aber wo? Das war die große Frage. Der Zollbeamte bemerkte mein Zögern, kam auf mich zu und fragte nach dem Grund. „Geld habe ich, aber im Moment weiß ich nicht, wo genau es ist."

„Nun, das ist kein Problem", sagte er freundlich, „sie können auch mit Schilling, D-Mark oder mit Kreditkarte bezahlen." „Sehr lieb von ihnen, aber leider habe ich die letzten Schilling vor der Grenze noch ‚vertankt', D-Mark und Kreditkarte habe ich nicht. Aber ich werde das Geld gleich finden, kein Problem." Die Pflichten riefen, und er musste zurück auf seinen Posten. Wie Schuppen fiel es mir von den Augen: „Natürlich, in einem Schuh ist das Geld..." Wie immer hatte ich es in einem Schuh versteckt. Nur diesmal hatte ich vergessen, es rauszunehmen, da die Schillinge wichtiger waren. Es war kein leichtes Unterfangen, den richtigen Schuh zu finden in dem Chaos. Die Schuhe hatte ich im ganzen Auto verteilt, überall wo Stauraum vorhanden war, reingestopft. Als erstes den Kofferraumdeckel auf, ein Blick zurück, der nette Beamte näherte sich mir... Also schnell Deckel zu und im Handschuhfach weitersuchen. Dort war es unverfänglich. „Geht's Herr Rubin?"

Ich versuchte, meine Angst zu verbergen und steckte meine Schweißhände in Jacken- und Hosentaschen und ins Handschuhfach. Orte, wo ich genau wusste, dass dort kein

Geld war, aber auch keine Gefahr, etwas versehentlich aufzudecken. Wo zum Teufel hatte ich dieses Geld versteckt? Alle Schuhe hatte ich durchsucht und nicht einen Rappen gefunden, geschweige denn die 300 Franken. Ich war bachnass vor Schweiß, und wusste mir nicht mehr zu helfen. Wegen so einem Blödsinn musste ich nun bluten.

Das würde eine teure Angelegenheit werden: zum einen die Ware verzollen, zum anderen eine saftige Buße. Am liebsten hätte ich mir selber in den Arsch getreten. Dreimal kam der „liebe" Beamte und wollte wissen, wie es mir geht und wie weit ich gekommen sei mit der Sucherei. Ich vermutete, dass er schon längst bemerkt hatte, um was es hier ging. Nämlich um Schmuggel im größeren Stil, und ich war der Täter. Langsam, ganz langsam kam der Mann auf mich zu.

Jetzt wusste ich: „Er hat dich am Schlawittel". Ich hörte ihn sagen: „Herr Rubin, bitte räumen sie ihr Auto aus, aber bitte alles!"Ich überlegte schon, ob ich zu Hause anrufen sollte, wenn sie mich ins Gefängnis steckten. Jetzt war ausgelogen, ausgeblufft, *rien ne va plus*… „Herr Rubin", hörte ich es wie aus weiter Ferne. Ich drehte mich zu dem Beamten um und schaute ihm in die Augen. Ein wissendes Lächeln huschte über sein Gesicht, dann sagte er: „Ich schlage ihnen einen Deal vor." „Aha, ähm, ja was denn?" „Steigen sie ein, und fahren sie weg!" Ich war mit den Nerven am Ende, wusste kaum noch, wo hinten und vorne ist, stieg ein, brauste davon – einfach weg von hier. Über eine Stunde lang fuhr ich Zick Zack – wie besoffen oder unter Drogen – durch die Gegend. Ohne Ziel, ohne zu wissen wo ich war.

So langsam kam ich wieder zu mir, da meine Tankuhr mich ermahnte, irgendwann in nächster Zeit eine Tankstelle aufzusuchen. Aber auch dazu brauchte ich Geld! Wo also verdammt nochmal steckte diese Kohle? Oder hatte sie mir doch jemand geklaut? Ich fuhr rechts ran auf einen beleuchteten Parkplatz. Während ich nochmals alles durchsuchte überlegte ich, was ich dem Tankwart anbieten könnte, um 20-30 Liter Most zu tanken.

Die Suche war wie vorgängig erfolglos. Eine letzte Chance blieb: Ich zog meine Schuhe aus, und was finde ich ganz vorne in der Schuhspitze? Ja klaro, die 300 Franken...!

Ich bin sooo ein Depp… Aber ein glücklicher

Später, viel später, kamen mir dann die Worte dieses Beamten nochmal in den Sinn: „...ich schlage ihnen einen Deal vor…" Ich weiß es bis heute nicht, was er mit dem Wort „Deal" überhaupt gemeint hat. Wollte er ein paar Flaschen Wein, oder sonst was von mir? Es bleibt ein ewiges Geheimnis…

Geschichten aus dem Justistal im Berner Oberland

1. Die Eisgrotte

Ein breites, wunderschönes Tal im Berneroberland. Links und rechts eingesäumt von Bergweiden und Berggipfeln. Durch das Tal fließt ein Bach, der Natur folgend in Schlangenlinien und ist das ganze Jahr die Wasserquelle für Vieh und Wild. Auf der linken Seite des „Justitales" führt ein Weg hoch. Der erste Teil ist für die Senner bis zu der oberen Sennhütte (Sommerweide, da nur im Hochsommer Juli / August die Alp beweidet werden kann) mit geländegängigen Fahrzeugen befahrbar, steigt dann stetig an bis zu einer Felsplatte, die mit einer fixen Eisenleiter erklommen werden kann. Ab da an ist es unwegsam, steil und steinig.

Der untere Teil der Alp ist den Kühen vorbehalten, der obere Teil, dort wo es sehr steil ist, den Schafen. Über dieser Schafweide und unterhalb der Felswand ist das oben genannte „Schafloch". Den Namen trägt es deshalb, weil seit langer Zeit die Schäfer mit ihren Tieren dort bei Unwetter Schutz suchen. Dieses Loch ist riesengroß und hat, wie die Legende sagt, für 800 – 1.000 Schafe Platz.

Nun, es ist kein Geheimnis, dass früher mal links in dieser riesigen Felshöhle eine Grotte langsam aber stetig nach unten führte, bis zu einer große Halle voller Naturwunder.

Vor vielen Jahren bekam ich von irgendwo einmal ein kleines Büchlein. Dort waren handgezeichnete Bilder von diesem Schafloch, respektive von den Eishöhlen, die von diesem Schutzloch ausgingen. Die Bilder, die man heute auf Wikipedia sehen kann, sind nicht sehr alte Fotos. Die, die ich in meinem Büchlein* hatte, waren aber Darstellungen von viel früher und hatten mit den neueren Fotos kaum etwas gemeinsam.

Auf verschiedenen Zeichnungen war zu sehen, wie ein Mann in einer Eisgrotte stand, die mindestens zehn mal so hoch wie er war. Bis an die Decke reichende, riesige Eissäulen waren zu sehen, die mindestens einen Meter (oder mehr) im Durchmesser waren. Man hätte dort locker ein zweistöckiges Haus reinstellen können. Die Temperatur war durch das ganze Jahr über konstant um die -4 Grad. Das heißt: absoluter Permafrost.

Ein von der Natur ausgeklügeltes Luftzirkulationssystem sorgte für Frischluft und die nötige Feuchtigkeit. So eine Eisgrotte in natürlicher Beschaffenheit kann man sich kaum vorstellen. Da reicht die Phantasie kaum aus.

Im Sommer lagerten die Sennen ihre verderbliche Ware in diesem übergroßen Kühlschrank. Anfangs der 1830er Jahre erforschte ein Wissenschaftler diese Grotte und machte zum ersten Mal Zeichnungen, soweit er sich hinunterzusteigen getraute. Das Interessante dabei war, dass er erloschene Fackeln und in Eis geschlagene Stufen von früher fand. Die Menschen von damals hatten den größten Kühl- und Gefrierschrank überhaupt.

---

* Das Büchlein habe ich mal verliehen und leider nie mehr zurückbekommen!

Bis dann 1942 der wahnsinnige Offizier kam und sich dieses Denkmal baute, indem er einen Tunnel von etwa einem Meter Breite und zwei Metern Höhe mit einem Wahnsinnsaufwand schnurgerade durch den Berg bauen ließ. Am anderen Ende des Tunnels postierten sie eine Kanone um eine kleine Passstraße auf der gegenüberliegenden Talseite, die ins Niemandsland führt, gegen die „bösen Deutschen" zu bewachen und nötigenfalls zu beschießen. Auch sollte der Stollen ein Fluchtweg sein, im Falle von eingeschlossenen Militärs im Justistal.

Das Ganze war eine Schändung der Natur und vor allem eine Katastrophe für die Eisgrotte, weil durch die Sprengungen und das Auffüllen der Grotte durch Schutt die so sensible Luftzirkulation nicht mehr funktionierte.

Am linken Bildrand, unterhalb vom Felsenband ist das „Schafsloch", und dahinter beginnt der Stollen schnurgerade durch den Berg. Links vom Stollen war der Eingang zu den riesigen Eisgrotten, die dann durch die Sprengungen zerstört und mit Schutt zugeschüttet wurden. Auf dem Bild der „Sigriswilergrad" und das „Sigriswiler Rothorn". Foto: M. Rubin

Ein Geheimnis muss aber noch in diesem Berg schlummern.

Als ich bei einem meiner Aufstiege plötzlich bergseits einen eiskalten Hauch an meinem Bein spürte, ging ich der Sache nach und fand einen winzig kleinen Spalt im Fels, aus dem gefühlte 0 Grad kalte Luft strömte. Von Höhlenforschern und Geologen wird vermutet, dass ab den Beatushöhlen ein riesiges und viele Kilometer langes Labyrinth sein könnte. Dieser kalte Luftstrom hat mir gezeigt, dass da noch einiges im Verborgenen liegt und hoffentlich auch verborgen bleibt.

2. Der Steinbock

Ein Freund von mir und ich hatten beschlossen, das Niederhorn auf fast 2.000 Meter, rechts vom Justistal aus zu besteigen. Nicht wie die Massentouristen, die vom Thunersee aus mit der Drahtseilbahn über Beatenberg (welches übrigens das längste Dorf Europas sein soll) auf's Horn fahren. Da lieb' ich die Alternativen, weiche den Massen aus und nehme lieber die etwas beschwerlicheren Wege.

So geschehen mit meinem Freund Jürg, der zwar keine Bergerfahrung hatte, aber nichtsdestoweniger unerschrokken war und ich es mit ihm ohne Probleme wagen konnte. Es war recht schwierig zu finden, aber irgendwo sollte es rechts abgehen über den sogenannten „Bärenpfad“, der jedoch zu dieser Zeit kaum noch benutzt wurde und demnach stark überwuchert war. Eher per Zufall fanden wir am Waldrand ein kleines verwaschenes Schild, das auf den Bärenpfad hinwies und uns den Einstieg erleichterte.

Heutzutage sei der Pfad wieder leichter zu finden und zu begehen, sagte mir ein Einheimischer. Die gröbsten „Brocken“ hätten sie aus dem Weg geräumt.

Wie gesagt, den ersten Teil im Wald ist der Pfad kaum zu erkennen, über der Waldgrenze noch weniger. Über Schotter, Geröllhalden und lockere Steine geht es bergwärts.

Sosele, dreiviertel des Weges hatten wir ohne nennenswerte Probleme geschafft. Ein echtes „Problem“ zeigte sich aber bald in Gestalt eines ausgewachsenen Steinbocks. Links bei einem schmalen Durchgang ist eine Felswand, rechts ein steiler Abgrund, und in einer Nische lag mit sagenhaft riesigen Hörnern dieses Tier. Hörner, mit denen er sich locker am Popo kratzen konnte, sollte es nötig sein.

Nun standen wir da und hatten die Hosen voll. Na ja, noch nicht ganz, aber mulmig war es uns schon. Dazu muss man wissen, dass die Steinböcke in dieser Region geschützt sind und kaum Scheu vor Menschen haben.

Ein solcher „Kerl“ versperrte uns den Weg. Foto: M. Rubin

Was hatten wir für Möglichkeiten, bei dem Burschen durchzukommen, ohne dass er uns den Abgrund runter schmiss? Eigentlich keine. Mein Freund schlug mir vor, aus Sicherheitsgründen den Rückweg anzutreten. „Ich auf keinen Fall!“, erwiderte ich trotzig. Unten oder oben vorbei war auf diesem lockeren Gestein kaum möglich. Wir beobachteten den Steinbock. Der schaute uns an – aus Mitleid oder Langeweile? Auf jeden Fall schien er nicht zornig zu sein.

Also sagte ich zu meinem Begleiter: „Es gibt nur einen Weg: Die Arschbacken zusammenkneifen, dem Viech nicht in die Augen schauen und durch." Gesagt, getan. Ich ging vor, ein paar Zentimeter neben ihm vorbei, nichts geschah. Er ließ uns passieren, wir waren erleichtert und kamen glücklich auf dem Gipfel an.

Unterwegs sahen wir dann seinen „Harem" mit all den Kindern und Halbstarken. War das ein Schauspiel, wie die sich an steilen Felswänden spielerisch schubsten und Scheinkämpfe austrugen! Der Papa hatte sich wohl für ein Mittagsschläfchen etwas abseits eine Auszeit genommen.

Einem mir bekannten Wildhüter erzählte ich die Geschichte und fragte ihn, wie aggressiv diese Tiere denn seien und was uns hätte passieren können. Er beruhigte mich mit den Worten: Solange du ihm nichts tust, macht er dir auch nichts...

Trotzdem: Unvergesslich!

UFO (Unidentifiziertes fliegendes Objekt)

Lange bevor der Schweizer Autor Erich von Däniken, von dem ich übrigens ein großer Fan war, die „Wahrheit" über Außerirdische und gelandete UFOs in Buchform rausbrachte, hatte ich zwei unerklärliche Erlebnisse.

Ich denke, es war in der 8. Klasse, als ich folgende Beobachtung machte: Ich stand etwas oberhalb des Bauernhofes meiner Pflegeeltern auf einem Hügel, als ich links vom Dorf, knapp über dem Horizont einige dunkelgraue Scheiben sah, die sich ruckartig, für das Auge kaum wahrnehmbar und mit großer Geschwindigkeit hin und her, rauf und runter bewegten, ohne erkenntliche Struktur. Sie verschwanden und tauchten fast gleichzeitig über dem Wald wieder auf. Das wilde Durcheinander hörte plötzlich auf, und das ganze formierte sich zu einem Dreieck. Es sah aus, wie eine Art Pyramide. Sie blieben für einen Augenblick so stehen und, schwuppdiwupp, waren sie verschwunden.

Ich wusste, dass ich nicht träume, aber hatte keine Ahnung, wie ich das Ganze einordnen sollte. Graue Scheiben, es hätten ja auch Kugeln sein können, so genau konnte ich es nicht sehen. Es sah auch nicht aus, wie wenn sie nah wären, eher so, wie wenn sie tief im Universum wären. In der Größenordnung etwa so, wie wenn mir jemand einen flachen Essteller auf 50 Meter Distanz zeigen würde.

Das Besondere war, dass ich dieses Phänomen ein Jahr später nochmals gesehen habe. Gleicher Ort, gleiche Scheiben und gleiche Farbe. Nur diesmal bildete sich keine Formation. Nur ein wildes Durcheinander bis nach ein bis zwei Minuten der Spuk wieder weg war.

Um der Gefahr zu entgehen, als Phantast oder als Spinner bezeichnet zu werden, erzählte ich es niemandem, aber immer in der Hoffnung, dass es noch irgendjemand gesehen hätte und davon erzählen würde. Dem war aber nicht so, demzufolge blieb es bis zum heutigen Tag mein Geheimnis.

Das Thema UFO ließ mich aber nicht los, und ich befragte am Ende meiner Schulzeit unseren Lehrer, ob er glaube, dass es UFOs gäbe? Wortwörtlich kam seine Antwort: „Die Leute sagen es, aber ich glaube nicht daran." Ich war sichtlich enttäuscht von dieser Antwort, aber konnte sie doch verstehen. Denn er hatte ja (noch) keine Erfahrungen gemacht damit.

Das Gute daran ist: Das Rätsel um diese Scheiben hat sich bis heute nicht aufgelöst. Das Gute deshalb, weil ich froh bin, dass nicht jedes Rätsel auf dieser Welt mit menschlichen Maßstäben gelöst werden kann.

Krankheiten

Ich wurde geboren, und schon war ich krank. Wie mir meine Mutter erzählte, war es eine Mittelohrentzündung. Und die begleitete mich durch meine ganze Kindheit. Mal sehr schmerzhaft, mal nur mit grausigen Nebenerscheinungen, wenn mir der „Saft" aus den Ohren floss.

Wasser war ein absolutes „No-go"-Element für diese Krankheit, und meist hatte einer der Lehrer die Schuld, wenn es mich wieder erwischte. Im Sommer durften wir ab und zu mal mit der Schule ins Schwimmbad. Schwimmen konnte ich wie ein voll gesogener Schwamm. Nach nur etwa zwei Schwimmzügen sank ich wie ein Stein auf den Grund. Bei einem Lehrer war es am schlimmsten. Er stand immer in Hemd und Krawatte am Beckenrand und kommandierte. Wieder und wieder nahm er mich „an die Angel" und hatte seine helle Freude daran, wenn ich händeringend prustete, dabei das Becken halbleer soff und dann langsam aber sicher zu ertrinken drohte. Wie oft habe ich Rache geschworen und wollte den Idioten mal ins Bekken stoßen. Leider hatte ich damals den Mut noch nicht.

Bei einem anderen Lehrer mussten wir Tauchen lernen. Tauchen war sein Lieblingssport. Das wäre ja alles nicht so schlimm gewesen, wenn ich danach nicht regelmäßig diese Ohrenkrankheit bekommen hätte, von dem Wasser, das durch meine lädierten Trommelfelle eingeflossen war.

Überhaupt hatte ich immer den Eindruck, dass mich die unmöglichsten Krankheiten heimsuchen. Da war z. B. das Problem am/im/beim Gesäß. Der Schmerz war fürchterlich. Bei der Untersuchung beim Arzt, als dieser mir mitten in die Sache eine Spritze verpassen wollte, hatte ich keine Kontrolle mehr über meine Reflexe: Ein Tritt in den Unterarm des Herrn Doktor, und die Spritze flog in hohem Bogen in die hinterste Ecke. In der Folge lief ich zwei Wochen lang mit einem Kleinkinder-Schwimmring umher, weil ich ohne diesen nicht sitzen konnte.

Dann kam mal was, was nicht schmerzte, aber für mich sehr unangenehm war: Gesichtslähmung. Das heißt, „nur" die linke Hälfte. Das kann man echt nur verstehen wenn man es selbst erlebt hat. Für mich als Koch bedeutete der vollkommene Geschmacks- und Geruchsverlust große Probleme. Ich getraute mich kaum mehr aus dem Haus und in den Spiegel schauen mochte ich schon gar nicht mehr. Das linke Auge musste ich mit der Hand „bedienen" und ab und zu den Augendeckel bewegen wie ein Blinzeln, und des nachts zum Einschlafen mit dem Finger das Auge schließen, damit es feucht blieb, nicht austrocknete und sich damit entzündete. Ab und zu trug ich eine Augenklappe wie damals der legendäre israelische General und Politiker Mosche Dajan.

Dummerweise wurde zu dieser Zeit mein „Göttibub" (Patenkind) konfirmiert, und da ich keine ansteckende Krankheit hatte, „musste" ich die Einladung annehmen. Wie es an solchen Festen üblich ist, wurde fleißig fotografiert, weil jetzt der Jüngling von einem Tag auf den anderen zum Erwachsenen befördert war. Ich versuchte, ein passables Lächeln in die Kamera zu zaubern. Eine Woche danach kam der Junge und brachte mir voller Stolz das Fotoalbum. Was ich sah, haute mich vom Stuhl: Mein rechter Mundwinkel zeigte ein Grinsen mit der Tendenz nach oben. Das Auge leicht zusammen gekniffen mit Lachfalten. Der Mundwinkel links hing wie eine schlaffe Fahne nach unten, und das Auge darüber war groß und starr ohne Regung. Es war eine Fratze. Bei Halloween hätte ich den ersten Preis gewonnen, ohne mich zu maskieren!

Es dauerte weit über ein Jahr, bis alles wieder hergestellt war, und – trotz pessimistischer Prognose meines Arztes – keine negativen Folgen hatte.

Die eiskalte Hand

Wenn ich krank war, dann heftig und meist ungewöhnlich, wie auch in diesem Fall: Irgendwas stimmte nicht mit meinem linken Arm. Es ist schlecht zu beschreiben, aber meine Hand fühlte sich kalt an. Zwei Fingerkuppen waren weiß.

Was das zu bedeuten hatte? Ich hatte keine Ahnung. Meine Frau meinte, ich solle einen Arzt aufsuchen, und ich sagte, dass ich jetzt müde sei und meinen Mittagsschlaf machen werde. Gesagt, getan, und ich schlief fast zwei Stunden. Ich wachte auf, und – oh Schreck – meine Hand war bis zum Unterarm schneeweiß, und ein komisches Gefühl sagte mir: „Da stimmt was nicht!" Der Hausarzt machte ein ernstes Gesicht und meldete mich gleich im Universitätsspital in Bern an. Diagnose: Eine Embolie stoppte die Blutzufuhr in die Hand.

Es wurde geröntgt, durchleuchtet, beraten „warum und wieso" und nach einer plausiblen Lösung gesucht. Nach diversen Untersuchungen besuchte mich am Krankenbett das ganze „Karussell" von Ärzten. Vom Ober- bis zu einigen Assistenzärzten und Krankenschwestern war alles vertreten, und sie „benutzten" mich zum Anschauungsunterricht. Jeder von ihnen musste anhand der Befunde eine Prognose abgeben, „warum, wieso und überhaupt" war es möglich, dass es zu einer Embolie gekommen war und warum funktionierte der Blutfluss jetzt wieder. Ich habe in meinem Leben noch nie so viel Fachlatein gehört, und wusste jetzt, dass es sehr viele Äderchen mit sehr komplizierten Namen gibt.

Bei meiner Entlassung aus dem Spital wurde ich mit einem Dutzend Spritzen eingedeckt – mit der Frage, ob ich jemanden hätte, der mir täglich eine verpasst. Endlich konnte ich selber Doktor spielen und wollte wissen, wie und wo man die spritzt, so dass ich das in Zukunft selber machen könne. Für die ersten Male brauchte es ein wenig Überwindung, aber nach und nach wurde ich zum Profi. Heute würde ich schon fast behaupten, dass ich ein „durchgefallener" Frauenarzt bin... haha!

Dem Sensenmann vom Karren gesprungen

In der nächste Geschichte wird es ernst und fertig mit lustig. Noch jung, dynamisch und erfolglos, aber immerhin mit zwei Berufsabschlussdiplomen in der Tasche, reiste ich kurz nach meiner Lehre als Koch nach Basel. Ein großes Event in der Mustermesse war angesagt, und ich ließ mich im Hotel „Rheinfelderhof" engagieren. In so einer Riesenbrigade (Küchenmannschaft) hatte ich noch nie gearbeitet und war höchst beeindruckt davon. Zwölf Köche schwitzten für diese zwei Wochen auf engstem Raum. Der Küchenchef, ein Basler Gigolo, der zwar ständig hinter den Serviertöchtern her, aber ansonsten ein lockerer Typ war, bestimmte mich zum Grillchef. Es war ein eher lockerer Job, da ich nichts anderes zu tun hatte, als Steaks auf die bestellte Garstufe zu grillen.

Nach diesen zwei Spezialwochen konnten mein Zimmergenosse und ich mit drei anderen Köchen und einem neuen Küchenchef weiterhin in diesem Hotel arbeiten. Huuiii, zum ersten mal in einer Großstadt, da musste ich mich zuerst mal akklimatisieren. Aber dafür hatte ich meinen Zimmerkollegen, der wusste Bescheid. Vor allem wie man bei Frauen Eindruck machte ohne einen einzigen Pfennig in der Tasche. Als Koch war er nur mittelmäßig, aber in Gesellschaft war er immer auf der Überholspur. Immerhin lernte ich, wie ich mal nicht enden mochte.

Der zu mir eher väterliche Küchenchef und ich plauderten öfters mal am Feierabend bei einem Bier miteinander. Dabei erzählte er mir von seiner Krankheit. Vor einigen Jahre wäre er an einer schweren Erkältung erkrankt, wodurch sich eine vereiterte Stirnhöhle gebildet hätte. Alle Kuren nützten nichts und man musste ihn operieren. Das heißt, ein Loch bohren von der Nasen- in die Stirnhöhle, damit der Saft abfließen konnte. Es entwickelte sich eine chronische Entzündung der Stirnhöhle, somit musste das Löchlein ständig neu geöffnet werden. Die Folge davon war, oder würde noch sein, so erzählte er mir, dass man ganz langsam verblödete und nichts dagegen tun könnte. Seine Offenheit hat mich tief betroffen. Dabei wusste ich noch nicht dass mir diese Information in Bälde nützlich sein würde.

Zwei bis drei Monate später nach diesem Gespräch wurde ich krank. Zuerst nur schleichend mit Husten, Kopfweh, dann Grippe mit Fieber und starkem Husten. Das zog sich so Woche für Woche dahin, aber niemand sorgte sich um mich, oder ermahnte mich, zum Arzt zu gehen. Es wurde schlimm, sehr schlimm, aber ich wollte ein harter Typ sein und stand jeden Tag in der Küche, solange bis es nicht mehr ging. Eine Stunde vor Feierabend konnte ich mich kaum mehr auf den Beinen halten und torkelte ins Bett. Gegen Mitternacht kamen starke Fieberschübe, und ich fing an, laut zu phantasieren. So erzählte es eine Serviceangestellte, die unweit neben mir ihr Zimmer hatte. Ich räumte den ganzen Nachttisch ab, schlug und fuchtelte mit den Fäusten um mich, traf dabei die Wand, was so gegen 2 Uhr morgens das Servicemädchen auf den Plan rief, um nach dem Lärm zu schauen. Sie zögerte nicht lange und rief den Notarzt, welcher mich umgehend mit einem Krankenwagen in die Klinik bringen ließ.

Es war kurz vor „Matthäi am Letzten“, so bezeichnete der Arzt meinen Zustand, als er mir einige Tage später von der Einlieferung erzählte und dass ich den Morgen wohl kaum noch erlebt hätte. Drei Tage war ich im Koma, bis ich endlich von ganz weit her meinen Namen hörte. „Herr Rubin, wachen sie auf!“ so riefen, oder schrien sie jeden Tag und stündlich auf mich ein. Als ich dann einigermaßen bei Besinnung war, und die Ärzte und das Pflegepersonal froh waren, mich wieder zu den Lebenden zurückgeholt zu haben, begannen die Untersuchungen. Hmm ja, da kam Einiges zum Vorschein: Lungenentzündung, vereiterte Nasen- und Stirnhöhlenentzündung, begleitet von übermäßig hohem Fieber. Mit den Nasenhöhlen machten sie eine radikale Rosskur. Mit einer dicken Spritze stachen sie links und rechts durch Knorpel und Knochen, um dann mit hohem Druck die ganze Sauce rauszuspülen.

In meinen Gehirnhohlräumen war es bedeutend komplizierter. Die Röntgenbilder zeigten ein schreckliches Bild. Der Arzt war sehr skeptisch ob ich, wie ich stark hoffte, um eine OP herum kommen könnte. Ich zeigte mich optimistisch und wir begannen mit Bestrahlungen. Wöchentlich wurden neue Bilder gemacht, und wöchentlich wurde neu verhandelt, und jedes mal das gleiche Prozedere. „Wir müssen operieren," sagte der Arzt immer, und ich erwiderte auch immer das gleiche: „Warten wir noch ab, immerhin hat es sich schon um Einiges gebessert."

Schließlich wollte er – eben ganz „Gott in weiß" – mich zur Operation zwingen. Dann hätte mich, so glaubte ich, das gleiche Schicksal ereilt wie meinen Küchenchef. Ich bat um einen letzten Aufschub und würde dann, sollte es noch immer nötig sein, in eine OP einwilligen. Gott sei dank habe ich mich schlussendlich durchgesetzt und bin um eine OP herumgekommen, da eine stetige Besserung eintrat.

Zwei interessante Sachen blieben mir noch in Erinnerung: Um von einem Spital ins andere (HNO) zu gelangen, wurde ich im Bett liegend durch ein unterirdisches Labyrinth geschoben, und das meist von einer sehr jungen und sehr hübschen Lernkrankenschwester. In dieser Zeit haben wir uns richtig verliebt ineinander. Es waren immer nur die kurzen Momente in Aufzug und Tunnel, wo wir uns verliebt anlächeln konnten. Das andere war auch eine kurze Freundschaft: In meinem Krankenzimmer war noch ein Junge von etwa 14 – 15 Jahren. Er sei schon seit zwei Jahren in diesem Spital in Pflege (damals war so was noch möglich) und habe keine Ahnung, wann er das Spital verlassen könne. Was genau er für eine Krankheit hatte, weiß ich heute nicht mehr. Was ich noch genau weiß, dass er überall in diesem Riesengebäude beliebt war und sich auskannte wie kaum jemand anders. Als ich so langsam wieder auf die Beine kam und das Bett verlassen konnte, begaben wir uns beide auf Exkursion, und er zeigte mir vom tiefsten Keller bis zum obersten Stock alles, was für mich von Wichtigkeit sein könnte.

Er kannte alle und alles. Später durften wir mit schriftlicher Genehmigung der Leitung, das Spital am Nachmittag für ein paar Stunden verlassen. Da er aus der Gegend kam und sich auskannte, lernte ich ein Basel kennen, das mir sicherlich sonst verborgen geblieben wäre.

Beide, meine Liebelei und den jungen Mann, sah ich nach meiner Entlassung nie mehr. Schade…

Begegnungen

Nach meiner letzten Angina war es soweit: Ich musste die Mandeln herausschneiden lassen. Für Kleinkinder eine eher kleine Sache, ich aber war schon beinahe 40 Jahre alt.

Am zweiten Tag nach meiner OP durfte ich das Bett verlassen und auf dem Spitalflur einen Spaziergang machen. Mir kam es vor, als wäre ich auf der Kinderstation. Von überall her war Kindergeschrei zu hören. Hinter einer Tür, die offen stand, war ein etwa vier- bis fünfjähriges, frisch operiertes Mädchen im Bettchen stehend und laut schreiend. Schreiende Kinder sind etwas Furchtbares. Es zerreißt mir das Herz, wenn ich Kinder weinen höre. Ob sie Schmerzen, Langeweile oder Sehnsucht nach zu Hause haben, da wird schnell mein Vater- und Helferinstinkt geweckt.

Also blieb ich stehen und überlegte, wie ich helfen könnte. Ins Zimmer getraute ich mich nicht, da man nie weiß, was Leute so dächten, wenn sie mich dort sähen.

In diesem Moment kam eine Krankenschwester daher gerauscht, etwas genervt von dem Geschrei, wie mir schien. Eindeutig zu grob versuchte sie, das Mädchen zu „beruhigen“ und zum Liegen zu bewegen. Das einzige, was sie bewirkte war, dass die Kleine nur noch einen draufsetzte und nun wie am Spieß schrie. Nichts schien zu helfen, was auch immer die liebe Frau in Weiß versuchte.

Etwas schüchtern fragte ich die Schwester, ob das Mädel vielleicht mit mir auf dem Flur spazieren möchte? Da sie anscheinend keine bessere Idee hatte und froh darob war, eine etwas brauchbarere Lösung gefunden zu haben, hob sie die Kleine aus dem Bettchen, und siehe da: Plötzlich war das Mädchen frohgemut und gutgelaunt. Keine einzige Träne mehr. Ich fragte sie nach ihrem Namen, um einfach nur auf mich aufmerksam zu machen und um in ein Gespräch zu kommen. „Marlis Stucky“, dabei nannte sie mir die ganze Adresse mit Straße, Hausnummer und Ortschaft, und sie sei fünf Jahre alt. Dabei hob sie die rechte Hand und streckte alle fünf Finger in die Luft. Offensichtlich hatte sie alles auswendig gelernt, für den Fall, dass sie mal verloren ginge.

Schon lustig, vor zwei Minuten weinte sie noch herzzerreißend, nun schien sie glücklich und zufrieden. Bis zum Mittagessen schlenderten wir Hand in Hand durch den Flur, schauten mal hier mal da rein, und ich versuchte ihr das eine oder andere zu erklären. Das Mädchen war nicht sehr gesprächig, zeigte aber keine Scheu und war eine aufmerksame Zuhörerin bis hin zum Mittagessen. Demonstrativ setzte sich die Kleine an meinen Tisch und ließ keinen Zweifel offen, dass sie von nun an zu mir gehörte. Eis gab es, für beide dasselbe. Ein Standard-Menü für Mandeloperierte.

Widerwillig ließen die Pflegerinnen zu, dass sie die Nachmittagsruhe in meinem Bett verbringen durfte. Von Schlafen keine Spur, also erzählte ich ihr irgendwelche Geschichten, die ich früher auch meinen beiden Jungs vorgelesen oder erzählt hatte.

Die Kleine war aufgeweckt, lustig und von Schmerzen oder Trauer keine Spur.

Abendessen – und das nur bei mir –, dann war schon bald Nachtruhe angesagt. Eine Kinderschwester holte die Marlis ab und wollte sie in das rundum vergitterte Bettchen legen. Aber hoppla, da hatte sie die Zeche ohne den Wirt, sprich Marlis, gemacht, wie man bei uns so sagt. Die Kleine schrie, was die Lunge hergab und ließ sich auf nichts ein. Die Türe wurde geschlossen, damit sich niemand gestört fühlte. Trotz allem hörte ich das Betteln und Schluchzen.

Ab 21 Uhr war die Nachtwache an der Reihe. Anscheinend wurde sie informiert über den „Vorfall", und dementsprechend verhielt sie sich auch. „Wir werden sehen, wer die besseren Nerven hat, ob die Kleine oder ich", ließ sie an meine Adresse verlauten. Es war ein Hin und Her. Das Schreien hörte nicht auf, und wütend kam die Nachtwache in mein Zimmer und meinte: „Ich werde durchhalten und der Kleinen zeigen, wer hier das Sagen hat."

Es ging so auf 23 Uhr zu, und nichts hatte sich geändert. Plötzlich ging meine Türe auf, und die Nachtschwester schob das Bettchen samt Marlis an mein Fußende. Es war kaum zu glauben, aber kaum war die Schwester draußen, hob die Kleine ihr Köpfchen über den Rand meiner Decke, wischte sich noch ein Tränchen ab und lächelte mich mit glücklichen Augen an. Ihr Gesichtsausdruck sagte alles: „Wir haben gewonnen!"

Danach schlief sie selig zu meinen Füßen ein.

Am nächsten Morgen wie gehabt: Frühstück bei mir, Spazieren Hand in Hand, zusammen im Bett liegen, Geschichten erzählen, Witzchen machen. Keine Träne mehr. Die obligatorische Arztvisite war nur in meinem Beisein in meinem Zimmer möglich. Das Kind war glücklich und ich auch.

Sie werde am Nachmittag aus dem Spital entlassen. Die Eltern, die weiter weg wohnten, würden sie abholen, wurde mir mitgeteilt.

Um die Wartezeit zu verkürzen, spazierten wir durch das Spitalgebäude hin und her, bis sich das Mädel plötzlich von mir los riss und auf ihre offensichtlichen Eltern zu rannte. Freudige Umarmung, das Mädchen schmiegte sich eng an die Mutter, und weg waren sie.

Offenbar hatten die Eltern von alledem nichts mitbekommen, und ihnen wurde wohlweislich auch nichts gesagt.

Sicher hat mich das Mädchen dann schnell vergessen. Mir aber blieb eine freudige Erinnerung bis zum heutigen Tag.

Gastwirte und ihre (Un-)Fähigkeiten

Es war schon früher so, dass von den Chefs, die sich Gastgeber nannten, so mancher von der Materie kaum eine Ahnung hatte. Viele, sehr viele Quereinsteiger machten ohne irgendwelche Vorkenntnisse eine Kneipe auf, im Glauben, dass die „Fränkli" ihnen nur so in die warme (Gast)Stube fallen würden.

Meine allererste Anstellung als *Commis de Cousine* (Jungkoch) war im Restaurant „Spalentor" in Basel. Ein ungutes Gefühl sagte mir, dass ich möglicherweise Probleme bekommen könnte: Außer mir und dem Wirt, der den Küchenchef spielte, aber kaum in der Küche anzutreffen war, stand kein Koch mehr am Herd. Was sollte ich da? Ohne Erfahrung und Führung kam ich mir verloren vor. Der Boss beruhigte mich, indem er mir versprach, noch einen zusätzlichen und erfahrenen Koch einzustellen. Tatsächlich kam nach drei Tagen ein etwa 30jähriger „Beppi" (so nennt man einen einheimischen Basler), und wir begannen, die Küche auf den Kopf zu stellen, vor allem den Kühlschrank, aus dem altes und vergammeltes Zeug im Schweinekübel zu entsorgen war.

Zwei Tage waren wir fast nur mit Aufräumen beschäftigt, solange bis der Boss in die Küche kam und den Schweinekübel kontrollierte. Dann war der Teufel los: Wir, vor allem mein Kollege, bekamen einen fürchterlichen „Anschiss". Was uns einfalle, gute und frische Esswaren wegzuschmeißen? Und so weiter und so fort. Für meinen Kollegen war das zu viel, und er flüsterte mir zu, dass er in der Nacht zusammenpacken und verschwinden würde.

Wir verabredeten uns für den nächsten Tag in einer Kneipe in der Stadt, um den Kontakt zu halten, und wie abgesprochen fehlte er am nächsten Morgen in der Küche. Ich musste ein Donnerwetter vom Boss über mich ergehen lassen und beschloss, ebenfalls in einer der nächsten Nächte zu verschwinden. Am Nachmittag trafen wir uns wie verabredet in der Stadt. Der Beppi freute sich und sagte, dass er schon eine neue Anstellung gefunden habe, und dieser Betrieb suche zufälligerweise noch einen Jungkoch.

Das war für mich das Startzeichen. Ich ging ins Hotel „Rheinfelderhof", stellte mich kurz vor, und schon war ich engagiert. Schon am nächsten Tag konnte ich anfangen und alles war geregelt. Im „Spalentor" erbat ich einen Vorschuss von hundert Franken, den mir der Boss ohne Argwohn auch gab. Um nicht aufzufallen, ließ ich all mein privates Werkzeug in der Küche, packte meine Koffer, und als alles ruhig war, schlich ich des Nachts Richtung Küche. „*Merde*!", fluchte ich, denn die Küche war abgeschlossen, und ich musste ohne meine Messersammlung abhauen.

Das hatte noch ein unerfreuliches Nachspiel. Am nächsten Morgen stand ich um 9 Uhr in der Küche vom „Rheinfelderhof" und war dem Beppi dankbar, dass er sich um mich gekümmert hatte. Ohne meine Messer – solche zu haben, war Pflicht für einen Koch – war ich ein Nix. Ergo musste ich zurück ins „Spalentor", um meine restlichen

Sachen zu holen. Was auf mich zukommen würde, konnte ich nur erahnen. Der Boss stand an der Theke. Als er mich erblickte, bekam er einen Wutanfall, und ich musste unverrichteter Dinge flüchten.

Aber auch da hatte der Beppi den richtigen Ratschlag für mich. Es sei Pflicht, dass der „Gammelboss" mir mein Werkzeug aushändige, egal was auch immer passiert sei. Ich solle zur Polizei gehen und dort meine Sachlage darstellen.

Gesagt – getan. Ich ging auf den Klarahof, wo die Polizei von Kleinbasel ihren Stützpunkt hatte. Ich wurde angehört, ein Telefonat mit dem wütigen Chef genügte, und ich durfte mein Werkzeug abholen. „Du gehst mir nicht in die Küche, das mache ich", grollte er mich an. Dann kam er mit einem Packen Messer, Fleischgabeln und anderem Werkzeug und schmiss alles über das Buffet auf den Boden ins Restaurant. Wortlos sammelte ich alles ein und verschwand nach draußen. „Ach, bin ich blöd…" – Keine Tasche, nix hatte ich bei mir. Wie soll ich mit so vielen und langen Messern durch die Stadt laufen? Ich kam auf die glorreiche Idee und steckte mir vom Rüstmesser bis zum riesigen Hackbeil alles um den Bauch in den Gürtel. Rundum war ich „bewaffnet" mit Messern.

Um nicht aufzufallen zog ich meinen Kittel darüber und knöpfte ihn vorne zu. Auf diese Art lief ich zurück auf den nahen Polizeiposten um mich zu beschweren, da einige wichtige Werkzeuge fehlten. Ich meldete mich erneut beim Pförtner an, öffnete meine Jacke, ein großes Messer viel mir aus der Hose und der arme Mann glaubte an einen Überfall und ergriff die Flucht!

Immerhin bekam ich eine große Plastiktüte wo ich alles verstauen konnte, aber auf den Rest musste ich verzichten, da der Chef vom „Spalentor" nach einem erneuten Anruf des Beamten behauptete, nichts mehr von mir zu besitzen.

Das war mein Start in die Karriere, der voll in die Hose ging. Weiter ging es mit Erfahrungen sammeln und dabei in einige Fettnäpfchen zu treten.

Wintersaison in Lauterbrunnen. Ein kleines Hotel mit Restaurant. Ein absolut reiner Frauenbetrieb. Von der Küchenhilfe bis zur alten Besitzerin, die das Hotel seit 50 Jahren generalstabsmäßig und ohne die geringste Veränderung führte, war ich das einzige männliche Wesen im Betrieb.

Die Saaltochter Rosa, die seit Jahrzehnten in ihrem schwarzen Kleid, gestärkter Haube und weißer Schürze durch die Gänge huschte, verschämt den Blick senkte, wenn wir uns begegneten, schüttelte den Kopf auf meine Frage, ob sie jemals mit einem Mann eine Beziehung gehabt habe. Die Küche, na ja, wenn man die als solche bezeichnen kann, denn da waren auch noch Waschmaschine, Wäschetrockner, Nähmaschine zum Flicken und Stopfen, Bügelstation, ein großer Tisch für Wäschestapel und Personalessen, zu guter letzt noch quer durch die Küche ein paar Wäscheleinen. Der Dampfabzug musste Tag und Nacht eingeschaltet sein, um eventuelle Geruchsemissionen von meiner Seite zu vermeiden. Immerhin hielt ich es zwei Monate aus, um dann regulär zu kündigen und zu verschwinden.

Unter dem Motto: „Schlimmer geht's nimmer", ließ ich mich in einem Landgasthof in der Nähe von Thun für drei Wochen anheuern. Die Aushilfsstelle war gut bezahlt, was bedeutete, dass ich in den drei Wochen, in denen der Koch, den ich zu vertreten hatte, im Urlaub war, ein ganzes Monatsgehalt verdiente.

Der Start erwies sich für mich, gelinde gesagt, als schwierig. Ich glaubte meinen Augen nicht als ich den großen und begehbaren Tiefkühlraum betrat. Der ganze Raum war mit alten, vergammelten und ungenießbaren Lebensmitteln vollgestopft. Bei meinen Aufräumungsarbeiten fand ich, sage und schreibe, sieben Sorten Reis. Vom fast frischen, über solchen mit grauen Haaren bis hin zum grün verschimmelten Reis war alles dabei. „Ein Koch nennt sich so was!", dachte ich bei mir. „Ich würde eher sagen: ein Schwein!" Alles was in seiner Küche vergammelte, „entsorgte" er im

Tiefkühlraum. Aus welchen Gründen, das entzieht sich meiner Kenntnis.

Ich sprach beim Patron vor, um meinem Unmut und Frust über diesen Koch Luft zu machen. Er beschwichtigte mich mit den Worten: Ja, er wisse, dass er einige Probleme mit der Hygiene hätte. Er habe sich auch schon überlegt, ihn zu entlassen. Ich fragte ihn, warum er dies nicht schon lange getan hätte?

Eine Antwort bekam ich dann vom Servicepersonal: W. – der Boss – und H. – der Koch –, beides kleine Schluckspechte in Sachen Alkohol, hatten nach Feierabend mit dem Auto eine „Spritztour" gemacht, mit W. am Steuer und stockbesoffen. Es kam was in solchen Fällen oft vorkommt, W. hatte einen grässlichen Unfall gebaut, bei dem H. schwer verletzt und sein Bein zerquetscht worden war. Das erklärte mir dann auch den schleppenden Gang, als er uns mal besucht hatte. Um bei der Gerichtsverhandlung glimpflich davon zu kommen, hatte sich W. verpflichtet, dass er sich um H. bis zu seiner Pensionierung kümmern würde. Ergo konnte er H. gar nicht kündigen und musste ihn behalten, egal wie gut oder wie schlecht er als Koch war. Meiner Meinung nach hätte er H. auch zum Abwäscher oder Hausburschen degradieren können, dort hätte er sicher weniger Schaden angerichtet.

Dass W. ein ausgekochtes Schlitzohr war, zeigte sich, als an einem schönen Nachmittag – ich selber war zu dieser Zeit in der Zimmerstunde – der regionale Inspektor zu Besuch kam und in seinem Schlepptau der oberste Boss vom Hygieneamt aus Bern mit dabei war. Das war äußerst ungewöhnlich, und ich habe dieses in meiner ganzen Karriere nie erlebt. Als ich um 17 Uhr wieder meinen Dienst antrat, erzählte er mir davon. „Ui, ui…", war meine Reaktion, da ich mit den Aufräumungsarbeiten noch lange nicht fertig war. „Und? Wie ist die Sache ausgegangen?" W. beruhigte mich lächelnd und meinte lakonisch: „Ich habe ihnen gesagt, dass ich in einer Buchhaltungssache stecke und jetzt keine Zeit für sie habe." Im Normalfall interessiert das die Inspektoren nicht, und sie gehen ihrer Arbeit nach. In diesem Fall waren sie jedoch unverrichteter Dinge wieder abgezogen, ohne die notwendige Kontrolle gemacht zu haben. Im Nachhinein fragte ich mich allen Ernstes, wie hoch der Preis war, den er den korrupten Beamten bezahlt hatte.

Lange hielt ich es kaum an einem Ort aus und war der Wandersmann unter den Köchen. Auf diese Weise landete ich in Bern am Rande der Altstadt. Mich schaudert es noch heute. Als Küchenchef in einer mittleren Brigade war ich besorgt, frischen Wind in die Speisekarte und die Belange der Küche zu bringen. Ich nahm die Herausforderung an, da ich überdurchschnittlich gut entlohnt wurde. Was mich aber erwartete, übertraf jede noch so pessimistische Vorstellung.

Die Altstadt von Bern leidet an einer Überbevölkerung von Mäusen. Auch in diesem Restaurant waren sie eine Plage. Zu jeder Tageszeit schwirrten die Viecher rum. Mäuse in der Küche, eklig, im Restaurant und Speisesaal, ekelhaft! Schlimm war es in der Speisekammer, wo mir die Viecher Hunderte von Franken vernichteten. Nun, es war zwar nicht mein Geld, das da verloren ging, aber ich war für die Rendite in der Küche verantwortlich, und das schlug sich in der Monatsabrechnung negativ zu Buche. Langsam aber sicher bekam ich eine Mäuse-Phobie.

Das war die erste böse Überraschung, und die zweite folgte sogleich: Die Kühlschränke waren zwar großzügig angelegt, aber mir schien, sie waren schon etwa hundert Jahre alt. Das Aggregat schaffte es nicht unter 10 Grad, was bedeutete, dass der Schweinekübel stets gut gefüllt war mit verdorbener Ware. Die Köche waren bis auf eine Ausnahme schlecht ausgebildet, dazu frech und faul. Neues Personal musste her, also schalteten wir einige Anzeigen, dass wir gut ausgebildete Köche suchten. Nicht eine einzige Anfrage kam herein. Köche wurden zur Mangelware.

Doch plötzlich bekam ich einen Anruf vom Boss, dass jemand bei ihm sei und sich für die Stelle interessierte. „Ich schicke ihn dir in die Küche". Ich sollte ihn mir anschauen und mit ihm verhandeln. Ein Mann, so um die 40, stellte sich mir vor. Ein schönes und nobles Jackett zierte seinen Oberkörper, das aber nicht so richtig zu seiner verbeulten Hose und den ausgelatschten Schuhen passen wollte.

Unser Dialog war: „Wann und wo haben Sie in letzter Zeit gearbeitet, und wo haben Sie die Kochlehre gemacht?" Er schaute mich aus den Augenwinkeln an, so, wie wenn ich ihm eine unmögliche Frage gestellt hätte. „Ich habe doch nie eine Lehre gemacht und bin auch kein Koch. Ich kam mit dem Zug nach Bern und habe zufällig in der Zeitung am Bahnhof das Inserat gelesen." „Wir suchen aber einen Koch. Aber zufälligerweise ist auch noch die Stelle frei für einen Abwäscher." „Von wegen... Abwäscher..." So was käme für ihn gar nicht in Frage, was ich mir eigentlich erlaube. (Er wurde zunehmend aggressiv und seine Augen funkelten böse.) „Entschuldigung, aber ich...", weiter kam ich nicht, denn er unterbrach mich energisch, pflanzte sich herausfordernd vor mir auf und sagte: „Bilde dir nur nichts ein, was du Großartiges bist!"

Dann klärte er mich auf: Er komme direkt aus dem Gefängnis, wo er vier Jahre abgesessen hätte. „Ui, ui...", sagte ich und wich einen Schritt zurück, „und was war der Grund für den Aufenthalt in der Kiste?" „Ich hab einen umgebracht, also pass bloß auf, was du sagst und wie du mit mir sprichst!" Da in einer Küche immer irgendwelche Messer rumliegen, drängte ich mich zwischen ihn und den Arbeitstisch und sagte höflich aber bestimmt: „Ich denke nicht, dass es eine Zusammenarbeit mit uns beiden gibt. Jetzt verlassen sie bitte die Küche, ich habe noch viel zu tun."

Vorsichtshalber, um ganz sicher zu gehen, dass er auch verschwindet, begleitete ich den Typen bis zur Tür. Langsam löste sich die Starre in den Gesichtern der Köche, die alles mitangehört hatten. In was für ein Dilemma hatte ich mich da wieder eingelassen?, fragte ich mich und wurde zunehmend frustrierter. Lange würde ich es hier nicht mehr aushalten, egal zu welcher Entlohnung.

Mein *Sous Chef* (Küchenchef-Stellvertreter) drehte im roten Bereich und legte sich mit dem Boss an, was eine fristlose Entlassung zur Folge hatte. Ich nutzte die Gunst der Stunde und bat um ein persönliches Gespräch mit meinem Vorgesetzten. Wir trafen uns in seinem Büro, und ich erklärte ihm, dass ich unter diesen widrigen Umständen diesem Job nicht mehr gewachsen wäre und das Arbeitsverhältnis beenden möchte. Zuerst mal ein Erstaunen, dann ein mittlerer Wutausbruch vom Boss. Beides musste ich über mich ergehen lassen, aber es nützte nichts, ich wollte weg.

Dazu gebrauchte ich das Druckmittel „Mäuse" in seinem Laden und fügte hinzu, dass ich „leider" eine Kündigungsfrist von drei Monaten hätte, aber diese kaum erfüllen könnte. Nach einigem Palaver willigte er ein, dass ich meine sieben Sachen zusammenpacken durfte und das elendige Haus verlassen konnte. Mein „Druckmittel" hatte seine Wirkung nicht verfehlt, und er bezahlte mir die restlichen drei Monate aus, ohne zu murren. Wohl in der Hoffnung, dass ich ihn beim Hygieneamt nicht anschwärzen würde, was wohl für einige Zeit eine Betriebschliessung zur Folge gehabt hätte. Aus ästhetischen Gründen verzichte ich hier auf Bilder…

Schlecht geführte Betriebe gab es und gibt es immer noch. Schlechte Köche gab und gibt es noch genügend. Leute, die diese Berufsbezeichnung nicht verdienen, können sich immer noch in einer Schweinemästerei melden und für die Ferkel kochen. Wobei das auch nicht einfach ist, denn wenn's die Schweine nicht mehr fressen, frisst's niemand mehr! Unter dem Motto: „Er war Koch, und sie war auch ein Schwein." Das hörte ich schon in meiner Lernzeit einen Kellner zu einem Koch sagen. Der Koch konterte mit dem Spruch: „Er war Kellner, und sie stahl auch. Bei beiden Aussagen ist was Wahres dran.

FÄHIGKEITSZEUGNIS
CERTIFICAT DE CAPACITÉ
ATTESTATO DI CAPACITÀ

FÄHIGKEITSZEUGNIS
CERTIFICAT DE CAPACITÉ
ATTESTATO DI CAPACITÀ
Rubin Max

Zeugnisse Anfang 60er Jahre. Bild: M. Rubin

Der Umgangston in der Küche ist gewöhnungsbedürftig. Wer von Grund auf keine harte Schale mit sich bringt, den Lärm, das Geschrei vom Küchenchef, den Stress während des Service und die Hitze nicht verträgt, der hält es eh nicht lange aus. Auf der anderen Seite werden Zusammenhalt und Hilfsbereitschaft großgeschrieben und sind wichtig.

Dazu eine kleine Geschichte, die ich 1963 während einer Sommersaison erlebte: Unser Küchenchef hatte Geburtstag, und zu diesem Anlass lud er die ganze Küchenbrigade in eine Bar ein. Wir waren die einzigen Gäste und störten niemanden, außer den Boss dieser Bar. Der hatte offenbar anderes im Sinn als uns auszuhalten. Wie uns schien, hatte er ein Techtelmechtel mit der Barmaid und wollte uns loswerden, indem er schon vor Mitternacht Feierabend machte und uns mehr oder weniger freundlich rausschmiss.

Für uns hatte der Abend erst begonnen, und wir nahmen den zwei Kilometer langen Fußmarsch hinauf ins Städtchen in Kauf. Dort gab es eine Bar mit Musik, die bis 2 Uhr geöffnet hatte. Leicht alkoholisiert machten wir uns spät wieder auf den Heimweg. Unterwegs kamen wir an einem Geschäft vorbei, vor dem auf dem Gehsteig zwei Blumentröge als Dekor postiert waren. Einem von uns kam es in den Sinn, diese mitzunehmen und vor einem Café zu deponieren, um einigen Mädels eine Freude zu machen, die dort arbeiteten und die es uns angetan hatten.

Als wir unsere „Arbeit" beendet hatten, tauchte plötzlich ein Mann hinter uns auf, beschimpfte uns und befahl, dass wir die Blumenkisten wieder an Ort und Stelle bringen sollten. Wir schauten etwas dumm aus der Wäsche, kamen aber, nach einer kurzen Diskussion, dem Befehl nach. Plötzlich packte der fremde Typ einen von uns am Kragen, schubste ihn vor sich her über die Straße, schloss bei einem der Häuser dort die Türe auf und stieß unseren Kollegen in den Flur. Erst jetzt bemerkten wir das Schild über der Türe: POLIZEI. Allmählich dämmerte es bei uns: War das möglicherweise ein Polizist und nicht nur ein Hausbewohner, der sich wie einer aufführte. Später stellte sich heraus, dass es tatsächlich der Dorfpolizist war.

Bevor er die Haustüre von innen verschließen konnte, rannten Uwe und ich los, stießen die Tür auf und stellten unsere Füße zwischen Tür und Angel. Auf diese Weise hatten wir den Zorn des Polizisten angefacht. Er riss die Türe einen Spalt weit auf und kickte mit dem Fuß wie ein Karatekämpfer nach uns. Wir einen Schritt weg, um gleich darauf wieder die Füße in die Glastür zu stellen. Das ging so ein paarmal hin und her, bis plötzlich seine Frau oben auf der Treppe auftauchte. Sie hatte ein schlichtes, graues Nachthemd mit gelb-rosa Blümchen an und eine Hand auf dem Rücken, in der sie einen Schlagstock versteckt hielt.

Nach Übergabe dieser Waffe an den Ordnungshüter ging das Spiel von vorne los: Wir mit einem Fuß in der Türe, dann Türe auf. Er fuchtelte mit dem Stock nach uns, schlug wild um sich, ohne auch nur ein einziges Mal zu treffen. So konnte es ja nicht ewig weiter gehen, und ich gab unserem gefangenen Kollegen in einem günstigen Augenblick einen Wink. Ein kurzer Anlauf genügte, und er sprang dem Polizisten ins Genick, der stolperte, wir rissen die Türe auf, und weg waren wir. Ein rekordverdächtiger Sprint von einem

Kilometer half, unser Personalhaus – genannt „Villa Polenta" – unbehelligt zu erreichen. Ohne Licht zu machen, verkrochen wir uns leise in die Betten und hielten uns still.

Das war aber noch nicht das Ende der Geschichte. Rund eine halbe Stunde nach unserem Abenteuer heulten plötzlich Polizeisirenen auf, Blaulicht flackerte auf dem See, man hörte Getrampel und irgendwelche Leute schrien Kommandos durch die Gegend. Etwas erschrocken wollte ich der Sache nachgehen, zog zur Tarnung meine Kochklamotten an, und sah was ich kaum vermutet hatte: Ein Großaufgebot von Polizisten war vor Ort, und sie durchkämmten jede Hecke und jeden Hauseingang mit Hunden. Auf dem Wasser war die Seepolizei und suchte mit Scheinwerfern die Bucht ab. Riesige Richtstrahler, wie man sie im letzten Weltkrieg für die Fliegerabwehr benutzt hatte, wurden in Stellung gebracht. Wie wir am nächsten Tag in der Zeitung lesen konnten, waren ein Überfallkommando aus Bern und die Kantonspolizei aus Thun und Interlaken im Aufgebot – bewaffnet bis an die Zähne.

Noch immer verunsichert, um was genau es sich hier handelte, fragte ich einen Uniformierten, ob hier eine Übung stattfinde. „Von wegen Übung", raunzte er mich an. Eine kriminelle Vandalenbande habe den Ort letzte Nacht unsicher gemacht. „Und die suchen wir jetzt." Hoppla, ich vermutete, der hatte uns gemeint! Mich fragte er, was ich um die Herrgottsfrühe hier mache: „Och, ich habe Frühdienst und muss das Frühstück vorbereiten", gab ich zur Antwort.

Am nächsten Morgen gab's Besuch. Nicht bei uns, sondern in einem anderen Hotel kreuzte die Polizei in der Küche auf und verhörte die Küchenbrigade. Erfolglos, wie uns ein Koch berichtete. Auch wir erwarteten unangenehmen Besuch, aber nichts passierte. Einzig der Hoteldirektor musste von irgendwo Wind bekommen haben, kam in die Küche, hielt uns kurz eine Standpauke, aber verraten hat er uns nicht. Wohlweislich dass er ein Problem hätte, wenn die ganze Küchenmannschaft im Knast gelandet wäre!

Schmerz

Schmerzen können bekanntlich unterschiedlicher Natur sein. Seelische Schmerzen sind bei mir ausgeprägter und schwieriger zu behandeln als körperliche.

Mit körperlichen Schmerzen weiß ich umzugehen und bin seit Kindesbeinen an diese gewöhnt und mittlerweile fast immun dagegen. Wie haben wir immer gesagt, oder gesagt bekommen: „Oh wie schön ist es, wenn der Schmerz nachlässt!“ An dieses Motto habe ich mich gehalten.

An zwei, drei extreme Schmerzen kann ich mich erinnern. In meiner Kindheit, als ich beim Bauern war, musste ich bei Minus-Graden ohne Handschuhe im Wald arbeiten. Halb erfroren kam ich abends nach Hause. Meine fast weiß gefrorenen Finger konnte ich nur im Stall bei den Kühen, zwischen Euter und Schenkeln wärmen, da die gute Stube mit dem wohligen Trittofen für mich tabu, weil verboten war.

Geheult, geflucht und geschrien habe ich vor Schmerzen, als das Blut in den Fingern wieder zu zirkulieren begann. Die tausend Nadelstiche bleiben für mich unvergesslich in böser und schmerzhafter Erinnerung.

Ein neues Trommelfell

Viele Jahre später. Wiedermal wurde ich geplagt von einer Mittelohrentzündung. Hervorgerufen von einem ungewollten „Tauchgang“ im roten Meer. Wieder mal hatte ich nicht widerstehen können und mir die bunte Unterwasserwelt etwas genauer anschauen wollen. Ein fataler Fehler! Weil mein löchriges Trommelfell das Salzwasser bis in die hinterste Ecke fließen ließ.

„Es gibt Hoffnung“, meinte der behandelnde Arzt in der Schweiz, „dass so was nicht mehr passiert. Bei einer OP entfernt man das defekte Trommelfell und ersetzt es durch einen Hautlappen. Dazu haben Sie auch wieder eine 70prozentige Hörfähigkeit", wurde mir weisgemacht.

Nach so vielen positiven Versprechen war es für mich ein leichtes, mich so schnell wie möglich unters Messer zu legen.

Diese Operation verlief folgendermaßen: Man schnitt die linke Ohrmuschel weg – na ja, nicht ganz. Oben und unten ließ man noch einen Fetzen dran, klappte das Ohr um und schon war der Weg frei für das Skalpell. Sobald das „Löchersieb" weg war, schnitten sie einen kleinen Hautlappen aus meinem Nacken und setzten den dann ein. Befestigt wurde das neue Trommelfell mit minikleinen Wattebäuschchen, die man nach etwa einer Woche entfernen konnte, sobald das Gewebe zusammengewachsen war. Hier begann dann mein Martyrium.

Der Spitalaufenthalt war angenehm, bis ich nach fünf Tagen in das Sprechzimmer des behandelnden Arztes gerufen wurde. Mein Kopf wurde in eine Halterung gedrückt, so dass ich mich bewegungslos dem „Folterer" hingeben musste.

Mit einer Pinzette stocherte er in meinem Ohr rum und versuchte krampfhaft eines der Wattebäuschchen herauszuziehen. Zu meinem Leidwesen waren die Dinger noch festgeklebt. Nähen, oder sonst befestigen konnte man den Hautfetzen, der ja jetzt als Trommelfell zu funktionieren hatte, nicht. Trotzdem war der Herr Doktor fest davon überzeugt, dass die das neue Trommelfell fixierenden Wattebäuschchen jetzt raus müssten. Und wenn nötig mit Gewalt. Alles jammern, wehklagen und betteln nützte nichts. Er ließ nicht locker, bis er eines los gekratzt und von der Wunde weggerissen hatte.

Ich war einer Ohnmacht nahe und weinte bitterlich. Unbeirrt machte er weiter, und ich musste handeln, sollte ich dem Typen vor Schmerz nicht an die Gurgel gehen.

Ich begann, so laut und so schrill wie möglich zu schreien in der Hoffnung, dass der Doc Schiss bekäme, dass jemand vorbeischaut und er sich dann rechtfertigen müsste.

Es half. Total benommen torkelte ich in mein Zimmer, von Wahnsinnsschmerzen gepeinigt warf mich aufs Bett und heulte wie ein Schlosshund.

„In vierundzwanzig Stunden sehen wir uns wieder", hatte er mir angedroht und wollte dann die Prozedur fortsetzen.

Am nächsten Tag: Die Angst saß mir noch tief in den Knochen, und ich fing an zu schwitzen, ob ich wollte oder nicht. Ich überlegte was ich machen, wie ich mich zur Wehr setzen könnte, sollte sich das ganze Drama vom Vortag wiederholen. Ich war fest entschlossen, mich diesen Schmerzen nicht mehr auszusetzen und wollte im Notfall handgreiflich werden. Die Stunde der Wahrheit kam. Gleicher Ort, gleicher (Folter-)Stuhl, gleicher Arzt, und ich zitterte wie Espenlaub. Doch oho, was für ein Wunder! Fast ohne Schmerzen holte er Wattebäuschchen um Wattebäuschchen raus. Langsam entspannte sich meine Muskulatur, meine Fäuste öffneten sich und mit einem leisen „*Merci,* Herr Doktor", konnte ich frohgemut das „Folterzimmer" verlassen.

Fazit: Es war beim ersten Mal einfach um einen Tag zu früh. Aber der Doktor konnte wiedermal nicht warten, und nach seinem Wissensstand „musste" es nach fünf Tagen sein.

Das war bis dahin mit Abstand der größte Schmerz, den ich aushalten musste, und der mir (fast) willentlich zugefügt wurde.

Der Schmerz geht mir am Arsch vorbei

Es wäre vermessen wenn ich hier sagen würde: „Schmerz geht mir am Arsch vorbei!", weil ein heftiger Schmerz genau von dort kam. Am schlimmsten war es beim Toilettengang, da fühlt sich das noch so zarteste Papier an, wie 80er Schleifpapier.

Ein Arztbesuch war also unumgänglich. Zum ersten Mal in meinem Leben saß, oder lag ich auf einem gynäkologischen Stuhl. Nun konnte ich mir vorstellen, wie es Frauen zu Mute sein kann, wenn so ein „Chluuri gluusser" (spöttisch für Frauenarzt!) zwischen den Schenkeln sitzt, um irgendwelche Körperöffnungen zu bestaunen.

Nach einer kurzen Untersuchung zog der Herr Doktor ein Spritze auf und setzte sie punktgenau auf meine überempfindliche Stelle. Mit dem Einstich machte sich mein rechtes Bein selbständig, und wie ein geübter Kickboxer traf mein Fuß seinen Arm. Die Spritze machte einige Saltos und kullerte dann in die hinterste Ecke der Praxis.

Verdutzt und ungläubig schaute mich der Doktor zwischen meinen Beinen hindurch an und fragte: „Was soll das, Herr Rubin?“ Ich entschuldigte mich und versicherte, dass es keine Absicht war und nur durch einen unsagbaren Schmerz einen Reflex meines Beines ausgelöst hatte. Ich fühlte mich absolut unschuldig.

Die Spritze bekam ich dennoch verpasst, aber erst nach einer gründlichen örtlichen Betäubung.

Sitzen konnte ich die nächsten zwei Wochen nur auf einem aufgeblasenen Kinderschwimmring.

Die Schachpartie

Ich war süchtig – exzessiv einer Sucht verfallen, für die es kaum eine Therapie gibt! Außer man kann sich selbst helfen. Ich war schachsüchtig. Nun, werden viele denken, das ist ja wirklich harmlos. Ja, man kann so denken, wenn man es nie selber erlebt hat. Es war die Hölle, aber es waren oft auch die glücklichsten Momente. Es war die ganze Bandbreite der Gefühle, die man haben kann. Von ganz tief unten bis hinauf zu den Sternen. Alles was man sich vorstellen kann.

Naja, Schach ist eigentlich ein ganz langweiliges Spiel. Da muss ich jedem recht geben – mit dem Zusatz: so lange man nicht selber richtig Schach spielen kann. Ich versuchte, jede Ritze der Gefühle mit Schach auszufüllen. Ich begann mit „Blindsimultan-Schach". Das ist in etwa zu vergleichen, wie wenn man einen Marathon in Rekordtempo laufen möchte, ohne das genaue Ziel zu kennen. Also: Ich saß alleine in einem Zimmer. Möglichst ruhig und ohne Licht, ohne Brett und Figuren. Im Gegenzimmer waren ein oder mehrere Schachspieler mit Brett und Figuren und gegen die spielte ich, rein nur mit meinem Gedächtnis. Die Züge meiner Gegner wurden mir durch einen Helfer verbal übermittelt. Also musste ich zu jeder Zeit wissen, wo die Figuren auf dem Brett verteilt sind. Immerhin startete man mit 32 Figuren. Angriff, Verteidigung, alles musste im Kopf gespeichert sein. Man musste ein fotografisches Gedächtnis haben, um es zu können. Man musste im Geiste das ganze Brett vor sich sehen mit den Figuren und allen Variationen, die möglich sind. Ich erzähle das hier nur, damit der Leser meine folgende Geschichte ein wenig nachvollziehen kann.

So eine Partie dauerte in etwa 2–3 Stunden. Ich war nach jeder Partie total erschöpft. Heftige Kopfschmerzen zwangen mich, diese Art von Schach aufzugeben. Das Schlimme daran war auch, dass die Partien so stark im Hirn eingebrannt waren, dass man sie monatelang nicht vergessen konnte. Es gab einen russischen Schachspieler, der mit dieser Art von Schach sein Geld verdiente. Er sagte mir einmal, dass er nach dem Spiel immer eine ganze Flasche Wodka trinke, damit die Partien aus seinem Kopf verschwinden und er sie so schnell wie möglich vergessen würde. Sie verfolgen einen Tag und Nacht, und das wirkt sich auf die Psyche aus. Aus diesem Grund wurde in Russland Blindsimultan für einige Zeit verboten, da zu viele Schachspieler in der Klapsmühle landeten. Soweit ließ ich es bei mir nicht kommen und hörte vorher auf.

Übrigens verlor ich keine einzige Partie, die ich so gespielt habe.

* * *

So, nun zu meiner Schachgeschichte:

Es war Hochsommer 1987 in der Lenk im Berner Oberland und die Temperaturen dementsprechend. Die Landesmeisterschaft in der Schweiz war angesagt und die dauerte acht Tage, von Sonntag zu Sonntag. Jeden Tag eine Partie. Außer an einem Tag jeweils eine Morgen- und eine Abendpartie. Also insgesamt neun Partien. Ich erinnere mich an eine ganz besonders.

Die Räume, in denen gespielt wurde, waren billige Baracken und wurden normalerweise als Militärunterkünfte gebraucht. Die Veranstalter wussten nicht mal wie man „klimatisiert" schreibt, geschweige, dass sie schon davon gehört zu haben schienen. Zum Schachspielen absolut ungeeignet, da rauchte einem der Kopf schon nach einer halben Stunde. Das Spiel begann morgens um 9 Uhr. Die ersten 40 Züge mussten pro Spieler in 2 Stunden gemacht werden. Das bedeutet, wenn man die volle Zeit ausnützen würde, wären schon vier Stunden vergangen. Wahnsinn, soviel Zeit, wird mancher denken. Aber weit gefehlt, manch einer hat die Partie verloren weil er nicht auf die 40 Züge kam innerhalb dieser Frist. Danach gab es wieder einen Zeitzuschlag von einer Stunde für die nächsten 20 Züge, usw.

Ich kannte meinen Gegner nicht. Aber er war sicher nicht zu unterschätzen. Punktgenau reichten wir uns die Hand, und die Partie begann.

Haha, ich frohlockte; *d4* hatte er mit weiß begonnen. Also er möchte gerne ein Damengambit haben. Weit gefehlt, dachte ich. Das ist „meine" Eröffnung. Ich eröffne schon seit Jahren mit d4 und weiß, wie man damit umgeht. Ich *d5*, er *c4*, *e6*, *Springer c4*, ich *Springer f6*, also alles normal. Das kann ich alles blind, und ich wollte ihn aus der Reserve locken. Das ist jetzt alles Schachlatein für Nicht-Schachspieler. Da es viele Möglichkeiten gibt, ein Spiel zu eröffnen, wählt man häufig eine, die man schon oft gespielt, analysiert und gelernt hat. Ein Gambit bedeutet, dass man dem

Gegner bei der Eröffnung einen Bauern „opfert“, um den eigenen Angriff zu verstärken. Ich sagte zu mir selbst: „Nein, mein Lieber, den Gefallen tu ich dir nicht. Behalte deinen Bauer, ich will ihn nicht.“ Ich wusste: Nur schön abwarten und dann im richtigen Moment zuschlagen. Ich wollte die Partie so kurz wie möglich halten, um dieser Hitze zu entgehen.

Beim Schachspiel ist mein Empfinden gegenüber anderen Sachen total ausgeschaltet. Da könnte auch die Hütte brennen, ich würde es nicht bemerken. Ein solches Beispiel dafür, also nicht dass die Hütte gebrannt hätte, aber dafür, dass Schachspieler total versunken in eine Partie sein können geschah einmal auf dem Bärenplatz in Bern, wo ein großes Gartenschach aufgestellt war. Es gab damals noch die TV-Sendung mit Kurt Felix „Verstehen sie Spaß?“, und die wollten in Bern eine Sendung machen mit versteckter Kamera – und das ausgerechnet mit den Schachspielern dort. Da kam ein kleiner Transporter vom städtischen Gartenbauamt, und ein Mann fing an, eine Figur nach der anderen ins Auto zu laden, und das mitten in einem Spiel. Ab und zu schaute einer der Spieler etwas verwundert auf, ansonsten spielten sie weiter, wie wenn nichts geschehen wäre. Für sie existierten die Figuren in ihrem Kopf immer noch. Erst als sie kaum noch welche auf dem Platz hatten, begriffen sie, was da vor sich ging. Das Ganze löste sich dann als Streich von Kurt Felix für seine Sendung auf. Dieser wurde aber nie gesendet, weil alle, Zuschauer und Spieler, derart konzentriert waren und sich niemand deswegen aufgeregt hatte.

Nun zurück zu meiner Partie. Ich war mir sicher, diese Partie gehört mir, und ich würde ihn an die Wand spielen. Um ihm meine Überlegenheit zu zeigen, ging ich „spazieren“, wenn er am Zug war. Ich schaute mir andere Partien an, unterhielt mich mit Bekannten im Vorraum, kam zurück, machte meinen Zug und verschwand wieder irgendwo im Saal. Da jeder einigermaßen gute Spieler die Eröffnung, respektive Verteidigung im Kopf hat, geht man oft entspannt an die Partie ran, um für das Mittel- und Endspiel Kraft zu sparen.

Die ersten zwei Stunden sind vorbei. Ich komme nach einem kurzen „Ausflug“ zurück an das Brett… – oh mein Gott, welch ein Schreck! Er hatte *f4* gezogen. Das ist ein Zug, mit dem ich immer viele Probleme habe. Nun wusste ich, das würde eine harte und lange Partie. Ich nahm meinen Schreiber in die Hand, um den Zug zu notieren (ist Pflicht), und starrte wie gebannt auf das Brett. Ich konnte es nicht glauben: Alle mein Pläne waren durcheinander geraten. Ich legte den Stift aus der Hand, weil ich nicht fähig war zu schreiben, da ich zu stark zitterte und meine Erregung kaum zurückhalten konnte. Ich wollte meinem Gegner nicht zeigen, wie es um meine Gefühlswelt steht. Nein, dem nicht. Das wäre ja gelacht, wenn der noch sehen würde, wie meine Hand zitterte. Ich vergrub mein Gesicht in beide Hände, die Daumen an die Schläfen gepresst, die Augen mit den Handflächen abgeschirmt. Mein linkes Bein begann, sehr schnell auf und ab zu wippen. Das mache ich immer, wenn ich in Bedrängnis komme. Bei höchster Anspannung wippen sogar beide Beine. Aber jeder Schachspieler hat einen Tick. Und ich wohl mehrere oder alle zusammen.

Was zu tun ist, wußte ich nun. Ich musste mich voll auf die Verteidigung meines Königs konzentrieren, während der Gegner versuchte, mich dort in eine Falle zu locken. Wie sollte ich reagieren? Ach komm, biete ihm einfach ein Remis an (*remis* = unentschieden), dann ist das Ganze ausgestanden, und ich kann ein kühles Bier trinken gehen, im Falle er das Unentschieden annimmt.

Nein, ich wollte ja gewinnen. Also würde der noch sein blaues Wunder erleben, ich würde ihn auseinandernehmen wie eine Weihnachtsgans. Ich war wieder voller Hoffnung. Die Partie war hart. Vier Stunden bei dieser Hitze sind eine Tortur. Ich musste mich durchbeißen und war mir sicher.

„Der macht noch einen entscheidenden Fehler. Aber wann…“ Ich begann, den Typen zu beobachten, schaute, wohin er seine Augen auf dem Brett am längsten richtete (das ist ein Trick, den sich Schachspieler oft zu nutze machen). Irgendwie schielte er immer auf meinen König. Aber warum, verdammt, spielte er jetzt diesen Zug? Ich wurde wieder unsicher, begann den Gegner zu hassen und verwünschte ihn in die Hölle. Sollte er dort schmoren mitsamt seiner Scheiß-Strategie. Ich suchte nach Lösungen, fand auch immer wieder einen Ausweg. Der Hass gegen ihn schlug in leichte Bewunderung um. Ja, der Hund verstand was vom Schach. Und er zeigte keine einzige Regung in seinem Gesicht. Nichts konnte ich dort ablesen. Ansonsten genieße ich es, wenn der Gegner in Bedrängnis ist, sich windet wie ein schwer verletztes Tier, um ihm dann denn Gnadenstoß zu geben, um ihn zu erlösen. Aber davon war ich noch weit entfernt.

Fünf Stunden waren vorbei. Ich ging nun öfter auf die Toilette, um mein Gesicht mit Wasser abzukühlen. Mit steinernem Gesicht setzte ich mich wieder ans Brett und versuchte alle seine Angriffe zu parieren. Es gelang mir mal besser mal schlechter. Aber immerhin machte ich keinen groben Fehler dabei. Nach sechs Stunden schien die Partie zu Ende zu gehen. Er fand einen so genannten Fabelzug. Ich war kaputt. Ich wollte nicht mehr. Ich gab die Partie für mich verloren. Sechs Stunden Krieg, Kampf, Hitze und alle Strapazen sollten umsonst gewesen sein? Ich ging raus in die Toilette. Schloss mich dort ein, machte den Deckel runter und setzte mich drauf. Den Kopf in beide Hände gestützt.

Ich war verzweifelt. Es kam mir vor, wie wenn ich auf 4.000 Meter auf einem Berggrat stehen würde, links geht es 2.000 Meter steil runter, rechts 1.000 Meter in den Abgrund. Auf welche Seite soll ich mich nun stürzen? Ich wusste es nicht, dachte nur: „Was habe ich noch? Nichts! Dieses Spiel ist zu Ende, verloren, vorbei, Geschichte.“ Ich schaute zu Boden. Der war mit roten und gelben Platten belegt. Sofort zeichnete sich ein Schachbrett darauf ab, und automatisch standen da auch alle Figuren, wie sie im Moment auf dem Brett waren. Wie von Geisterhand begannen sie, umherzulaufen. Dorthin, wo ich sie in Gedanken haben wollte. Hin und her. Vorwärts und wieder zurück. Ich spielte alle Variationen durch, die ich zur Verfügung hatte.

Und dann: – Ein Blitz wie aus heiterem Himmel! Ich konnte es gar nicht glauben. Immer und immer wieder spielte ich die Kombination durch. Und das auf der Toilette sitzend. Ich wusch mein Gesicht ab, damit man die Röte nicht sehen konnte, ging zurück in den Saal und setzte mich ruhig ans Brett. Noch einmal ging ich diese Sache durch. Dann zog ich die Figur. Das stimmt nicht, ich zog sie nicht, ich opferte sie. Eine ganze Figur gegen ein kleines mickriges Bäuerchen. Dabei schaute ich meinem Gegner ins Gesicht. Er schaute mich kurz an, und dann versank er in ein tiefes „Wachkoma". Nichts regte sich mehr an ihm. Kein Zucken im Gesicht, kein Augenaufschlag. Nichtmal sein Atmen konnte man sehen. Er war wie in eine tiefe Depression gefallen. Mein Triumph war nur von kurzer Dauer. Ich bedauerte ihn jetzt so, wie ich ihn vorhin verflucht hatte. Wir machten noch einige belanglose Züge und nach sieben Stunden gaben wir uns die Hand zum Remis.

Meine in Ungarn im Schachsport erworbenen Siegermedaillen.

Foto: M. Rubin

Für beide war es ein Sieg. Beide konnten sich als Sieger wähnen, keiner von beiden war der Verlierer. Es war eine unvergessliche Partie.

Liebe Grüße vom geheilten und ehemaligen Schachspinner Max…

Nachdem ich im Jahr 2002 in „Halbpension" ging, meldete ich mich in Eger (Ungarn) im örtlichen Schachclub an. Über den Winter spielte ich bei verschiedenen Turnieren mit und wurde drei mal Stadtmeister von Eger. Meinen höchsten ELO-Wert* von 2014 Punkten, erzielte ich bei einem internationalen Turnier in Ungarn.

Verrücktheiten: Alte Schuhe gut verkauft

Verrücktheiten passieren in einem Leben sicher mehr oder weniger bei allen. Genauso bei mir. Wobei ich ihnen nicht ausgewichen bin, sondern sie mich eher gereizt haben, um das Endresultat zu erfahren. So geschehen, als ich von einem Freund den Tip bekam, dass man im Zeughaus ausgediente Militärsachen zu günstigen Preisen kaufen könnte.

Hier muss ich dem „Nicht-Schweizer" Leser erklären, wie das schweizerische Militärwesen funktioniert – in der Hoffnung, dass ich nicht wegen Hochverrats im Gefängnis lande. Meines Wissens nach ist die Schweiz das einzige Land auf der Welt, wo die Soldaten nach der Ausbildung ihre ganze Ausrüstung zu Hause aufbewahren bis zu deren Abgabe nach Erreichen der Altersgrenze. Um diese Ausrüstung geht es in der folgenden Geschichte.

---

* Die ELO-Zahl ist eine Wertungszahl, die die Spielstärke von Schachspielern beschreibt.

Zu meiner Jugendzeit durfte ein Soldat nach seinen genau abgezählten und erfüllten Diensttagen mit dem Erreichen des 50. Lebensjahres am Tag der Rückgabe seinen ganzen „Krempel" – einschließlich Gewehr! – als Geschenk wieder mit nach Hause nehmen.

Irgendwann änderte sich das, und es gab keine Geschenke mehr vom Bund, und alles musste im Zeughaus abgegeben werden. – Im Zeughaus wird nichts gezeugt, sondern dort befindet sich das Lager für Militärsachen. Also alles vom Schnürsenkel bis zum Sturmgewehr. Vieles an Material von den ausgedienten Soldaten wird ausgemustert und der Zivilbevölkerung zum Verkauf angeboten.

Nun zurück zu meiner Geschichte:
Da in der Stadt Thun ein Ausbildungszentrum für Rekruten war und eben die gerade beschriebene Abgabepflicht der Militärsachen bestand, gab es jede Menge Material, das irgendwie „verramscht" werden musste. Also vom Essgeschirr über Decken, Schuhe und Gürtel bis hin zum Karabiner konnte man alles kaufen. Im Zeughaus war ein Verkauf eingerichtet.

Ich also nichts wie los und fuhr mit dem Auto ins Zeughaus, um ein paar Kleinigkeiten zu ergattern. Wie beim Militär üblich, war alles schön in Reih und Glied fein säuberlich eingelagert . Ein dienstbeflissener Angestellter kam auf mich zu und fragte nach meinen Wünschen. „Nun ja, an ein paar Kleinigkeiten hätte ich schon Interesse. Vielleicht einen Gürtel, ein Taschenmesser und ein Paar Schuhe", waren meine Wünsche. Schuhe hätten sie eben eine größere Menge bekommen und da könne ich auswählen, was ich möchte. Ich folgte ihm zu einem riesigen Haufen Schuhe. In allen Größen und Formen, die frisch poliert, gesalbt, eingefettet und wenn nötig, auch neu besohlt waren. Alle in erstklassigem Zustand.

Ich wählte zwei Paar aus, ein Paar fast neue und stabile für den Alltag und ein Paar Offiziersstiefel, ganz neu. Die würden im Normalverkauf ein kleines Vermögen kosten.

Hier aber kam ich mit insgesamt 10 Franken davon. An der Kasse fragte mich das Schlitzohr, als er meine Begeisterung sah, ob ich nicht gleich die ganze Palette kaufen möchte? Es seien ja „nur“ 200 Paar.

Ich gebe zu, da hatte der Typ meine Begeisterung durchschaut und mich zugleich auf dem falschen Fuß erwischt. Einen kurzen Moment zögerte ich und fragte nach dem Preis: Zwei Franken das Paar, wenn ich alle nehmen würde, sagte er mit einem Augenzwinkern. Das war ein überzeugendes Angebot, und ich konnte nicht widerstehen, zog die 400 Franken aus der Tasche, und der Handel war perfekt:

Mein Problem war jetzt: Wie bringe ich 400 große, fette Schuhe in mein Auto? Gottseidank hatte ich eine größere Limousine, auf diese Weise konnte ich den Kofferraum, die hinteren und vordere Sitzbänke bis unters Dach füllen. Die kurze Heimfahrt war eine Herausforderung, da auch die Hutablage und die Frontscheibe zur Hälfte bedeckt waren.

Beim Nachbarn konnte ich ein Kellerabteil dazumieten, musste aber zwei Tage warten, bis der Lagerraum frei war. Solange musste ich die unverderbliche Ware im Auto lagern. Was dazu führte, dass der Gestank nach Schuhfett, Leder, Leim und Gummisohlen fast unerträglich wurde. Immerhin konnte ich die Hutablage und die Frontscheibe freimachen, so dass ich das Auto auch sicher bewegen konnte.

Jetzt ging es darum, die erworbene Ware an den Mann zu bringen. Dazu benutzte ich den Eingang vom Restaurant, bei dem ich als Küchenchef angestellt war, stellte einige Paare in verschiedenen Größen aus, schrieb eine Reklametafel „Zu verkaufen auf Verhandlungsbasis“.

Die Dinger gingen weg wie frische Semmeln.

Fazit: nach einem Monat hatte ich fast alle verkauft, und der Patron schickte mir die Kündigung, weil ich mich auch während der Arbeitszeit um mein privates Geschäft gekümmert hatte! Ha, ha…

Tempi passati.

Verrücktheiten: Ein Lastwagen voll Klamotten

Wieder mal war ich unterwegs, wohl auf der Suche nach einem Kick oder sonst etwas Außergewöhnlichem.

Planlos fuhr ich durch die Außenquartiere und kam, wie soll es anders sein, in ein Industrieareal, wo ich auf eine Lagerhalle traf, die mit einer unscheinbaren Reklametafel „Import-Export-Markt" angeschrieben war.

Wie von einem Magneten angezogen, betrat ich die riesige Halle. Mir liefen fast die Augen über, von dem, was ich zu sehen bekam. Von der Stecknadel über kistenweise Essbesteck, Porzellan, Schuhe, Klamotten in jeder Form und Größe, bis hin zum komplett eingerichteten Schlaf- und Wohnzimmer, war alles in großen Mengen vorhanden. Es kam mir vor wie eine Kopie vom früheren „OTTO'S SCHADENPOSTEN", der hier wie in ganz Europa bei Liquidationen, Überschwemmungen oder Feuersbrünsten noch brauchbare Ware aufkaufte, um diese dann in der Schweiz zu Spottpreisen zu verramschen. Beim Kauf musste man allerdings mit Wasserschäden oder Brandlöchern in den Klamotten rechnen.

Nun, das hier war noch eine Nummer größer und hatte mit Schadenposten wenig zu tun. Alles war neue und sehr gute Ware.

Ich half dem Zufall ein wenig nach, und so lief mir der Chef, wie gerufen, über den Weg. Ein paar Höflichkeitsfloskeln, ein paar Fragen, und so erfuhr ich wie er zu dieser Ware kam.

Wie oben beschrieben, karrte er aus allen Himmelsrichtungen massenhaft Ware in die Schweiz. Erst gestern wäre er mit einem Lastwagen voll Schuhen und allen möglichen Klamotten von Norwegen nach Hause gekommen, und alles wäre von einer Nobelmarke „CONVERSE". *Converse*? Noch nie gehört. Was das denn sei, war meine etwas naive Frage. Ein Mode Label, wurde ich aufgeklärt, zu dieser Zeit vor allem in den skandinavischen Ländern aktiv, aber in der Schweiz vorwiegend noch unbekannt. Ob ich mir den Inhalt des Lastwagens mal ansehen dürfte? „Natürlich unverbindlich", fügte ich vorsichtshalber noch dazu.

Mit einem Ruck stieß er die Schiebetür auf. Wie ich sah, war der Laster bis unters Dach vollgestopft mit Kisten. Der Chef hievte einige Kisten und Kartons raus, so dass ich einen besseren Überblick bekam.

Zum Vorschein kamen jede Menge Basketballschuhe, Jogginganzüge, Shirts in allen Variationen, und das alles von der Marke *Converse*.

Auf meinen fragenden Blick wurde ich aufgeklärt, alles habe er in Norwegen gekauft. In Boutiquen, die in den Konkurs gegangen wären, weil die Firma *Converse* ihre Produktion eingestellt hätte und diese Marke von der Bildfläche verschwunden sei.

Ich kramte derweil in den Kisten rum, fischte zwei Paar Schuhe und einen Jogginganzug in knallroter Farbe raus. „Was soll das kosten?" Ein Grinsen war die Antwort: „Nee, nee, auf Schnäppchenjäger habe ich nicht gewartet. Es gibt nur eines: entweder den ganzen Laster oder nichts. Wenn, dann verkaufe ich nur im großen Stil und das meist an Wiederverkäufer."

Nun war das Grinsen auf meiner Seite. „Was zum Teufel soll ich mit einem Lastwagen voll Klamotten machen?", war meine Frage. Ich bin Gastronom und kein Textilienverkäufer. Ich kann Getränke und Speisen verkaufen und das nicht schlecht." Nun gut, ein gewisses Verkaufstalent habe ich. Schließlich hatte ich schon alles mögliche verkauft: z.B. Militärschuhe, Essen und Trinken, Spezialitäten-Wochen, an einen Bekannten sämtliche Pornohefte usw.

„So ganz unverbindlich, was sollte denn der Preis sein für Alles?" „10.000 Franken und keinen Rappen weniger. Es wird nicht verhandelt."

Das war eine klare Ansage und nahm mir für einen Moment den Atem.

„Um mich entscheiden zu können, müsste ich die Ware näher anschauen", und ich begann, die angeschriebenen Boutique-Preise hochzurechnen. In kurzer Zeit kam ich auf einen enorm hohen Betrag. „Gut ich bin einverstanden, und der Handel wird gemacht."

Da ich als Gastronom immer einen größeren Betrag in der Tasche hatte, zog ich ein Bündel Banknoten raus und übergab ihm 2.000 Franken. Das sei eine Anzahlung und den Rest bekomme er in einer Woche. Ich war fest entschlossen, das Geschäft zu machen.

Einem Freund erzählte ich die Geschichte, und der wollte sich die Ware mal anschauen. Anscheinend kannte er sich aus mit der Marke *Converse* und war begeistert von meinem Vorhaben.

Nach der Besichtigung meinte er: „Mit diesem Deal kannst du locker eine halbe Million verdienen!" Das musste er noch in Anwesenheit meiner Frau wiederholen, denn sie war von dem Handel nicht begeistert – gelinde gesagt!

Eine Woche später überbrachte ich die restlichen 8.000 Franken und machte mich auf die Suche nach einem größeren Lagerraum. Ich wurde fündig in einer verlassenen Fabrikhalle, wo ich vorerst das ganze hinkarrte. Nun ging es für mich darum, einen Markt zu finden, in dem Klamotten und Basketballschuhe der Marke *CONVERSE ALL STAR* verkauft werden, oder ein gewisses Interesse daran war.

Bei einem Türken, der ein Kleiderramsch-Geschäft hatte, konnte ich in Kommission Einiges abgeben. Private Käufer führte ich persönlich ins Lager, und sie konnten sich aussuchen, was ihnen passte.

Marktfahrer wurden beliefert, was wenig Erfolg hatte. Converse war zu dieser Zeit noch völlig unbekannt. Ohne die Unterstützung des Konzerns, der durch großangelegte Kampagnen die Marke bekannt machen würde, fehlte die Nachfrage.

Ich selber lief nur noch in Basketballschuhen *ALL STAR* und *Converse*-Klamotten rum. Mein Kleiderschrank quoll über von derselben Marke. Immerhin brauchte ich keine Geschenke mehr zu kaufen. Jedes Geburtstagskind durfte sich für einen gewissen Betrag sein Geschenk selber aussuchen. Ein paar Kisten karrte ich nach Ungarn und war ein gern gesehener Gast, der immer was Passendes bei sich hatte.

Das Geschäft lief nur schleppend voran, zudem musste ich weit unter dem Preis verkaufen den ich mir erhofft hatte. Ich fing an, soweit möglich, Kleider und Schuhe gegen Dienstleistungen zu tauschen, damit ich das Lager abbauen konnte.

Wieviel ich aus diesem Geschäft generieren konnte, bleibt ewig ein Geheimnis, da ich nie was aufgeschrieben habe und die Kontrolle total verloren ging. Summa summarum konnte ich froh sein, wenn ich das investierte Geld wieder eingenommen und nach dem Abverkauf auch keine Lagerkosten mehr hatte. Unter dem Strich muss ich sagen: „Es war ein Flop", – mit viel Aufwand und keinem Gewinn.

Immerhin lernte ich, dass man trotz vermuteter hoher Gewinnaussichten sich nicht auf jeden Deal einlassen sollte.

Der knallrote Jogginganzug, den ich am Anfang als Einzelstück kaufen wollte, hängt nach 25 Jahren immer noch in meinem Kleiderschrank. Zwar löcherig, verbeult und aus der Form gefallen, aber ich liebe dieses Stück und behalte es als eine verrückte Erinnerung!

Die letzten drei Paar Basketballschuhe habe ich erst nach zweieinhalb Jahrzehnten auf *eBay* angeboten und verkauft. Es gab eine Reklamation, und der Typ war wütend und wollte das Geld zurück. Der Grund war, dass er sie auf eine Party angezogen hatte, und schon nach einer Stunde seien sie aus dem Leim gefallen und hätten sich in ihre Bestandteile aufgelöst. Ha, ha!

Nix da, schrieb ich. Ich will die Schuhe nicht mehr, und das Geld bekommst auch nicht zurück. Ich hatte es deutlich geschrieben: „Die Schuhe sind nicht mehr zum Tragen, nur noch zum Anschauen!"

Die verrückteste Geschichte von allen.

Ich kann von mir behaupten, dass ich nie geldgeil war. Geld war für mich nicht mehr und nicht weniger als ein Zahlungsmittel, aber nie etwas zum Horten oder zum Spekulieren. In Ungarn war ich „Multimillionär", in der Schweiz habe ich einige Millionen umgesetzt und bin einmal „fast" Millionär geworden.

Hier die Geschichte dazu:

Winter, um die Jahrtausendwende. Ich war in Ungarn und bekam von Unbekannt eine Mail mit etwa folgendem Inhalt: Der Absender wohne in Afrika, habe ein bestimmtes Vermögen und suche in der Schweiz jemanden, dem er vertrauen könnte und der eine gewisse Beziehung zu Banken hätte.

Ich schenkte der Mail kaum Beachtung, bis mich nach ein paar Wochen der Hafer stach und ich ihm zurückschrieb und ein gewisses Interesse signalisierte. Prompt kam eine Antwort. Sogar mit Adresse und Telefonnummer um mir die Seriösität der Sache zu zeigen. Ein Anruf in Afrika bestätigte mir, dass was dran sein könnte an der Geschichte. Alleine war mir die Sache nicht geheuer. Aus diesem Grund erzählte ich alles, was ich bisher wusste, einem Freund, von dem ich wusste, dass er für alles Mögliche und Unmögliche einen helfenden Freund hat. Nennen wir ihn Emil. Emil hatte einen Vertrauten in der Schweiz, mit dem er Kontakt aufnahm und ihm die Geschichte erzählte. Ich bekam den Rat, am Ball zu bleiben und mich bei Gelegenheit bei ihm telefonisch zu melden.

Mittlerweile war Frühling und für mich Zeit, dass ich zurück in die Schweiz ging, um die Sommersaison vorzubereiten. Ich hatte die Telefonnummer von (nennen wir ihn Hans) Hans. Hans war Bänker und schien sich in solchen Sachen auszukennen. Schon beim ersten Anruf klärte er mich auf, wie ich mich zu verhalten habe, was ich sagen durfte – und vor allem was nicht! Bei einem Treffen mit Hans lernte ich, wie so eine Sache abgewickelt wird. Hans schien mir ein Profi in Geldangelegenheiten von besonderer Bedeutung zu sein. Er wusste, wie man so eine Sache angeht, was zu beachten ist, wie lange es dauern würde, bis der Zaster blütenrein weiß gewaschen wäre und wieviel man schlussendlich aus der Sache rausholen könnte. Es ging um 20 Tonnen „Zucker“ (20 Millionen Euro), der zwar schon in Europa zwischengelagert sei, aber eben noch nicht in der Schweiz.

Inzwischen hatte ich Kontakt zu den Zwischenhändlern, die in Amsterdam logierten. Ich hatte alle Fäden in der Hand, auch die Vollmacht von Hans, so dass ich die Bedingungen nach meinem Gutdünken für ein Treffen in Holland stellen konnte. Das eine war mir wichtig: Wenn wir schon reisen, dann will ich dort den „Zucker“ mit eigenen Augen sehen.

Wir verabredeten uns in einem Hotel in Amsterdam unweit vom Bahnhof. Dort angekommen, warteten die zwei „Kofferträger“ schon auf uns. Nach einigen Höflichkeitsfloskeln und einem kleinen Imbiss kamen wir in einem *Chambre separé* zur Sache, und wie verabredet wollte ich den „Zucker“ sehen. Mir war klar, dass man nicht mit 20 Tonnen Zucker in der Weltgeschichte rumlaufen kann. Aber eine „handfeste“ Aktion hatte ich jetzt erwartet. Fast hatte ich es vermutet: Es gab ein Problem… Der Typ, der den Koffer hatte, wollte einen Obolus, um den Koffer auszulösen. Dazu hatte er den Zugangscode zum Inhalt. Unsachgemäßes oder gewaltsames Öffnen würde einer Farbbombe den Befehl geben zu explodieren, und der „Zucker“ wäre unbrauchbar in rot eingefärbt.

Ich besprach mich kurz mit Hans, er wollte weiter verhandeln. Ich zog die Konsequenz und wollte mit der Sache nix mehr zu tun haben, weil die klar gestellten und akzeptierten Bedingungen nicht eingehalten wurden. Mir war es jetzt egal, wie hoch die Summe war, die ich dabei verdienen, oder aber jetzt verlieren würde. Nach einem zweistündigen Spaziergang durch die Stadt holte ich Hans wieder ab. Er war sich noch nicht schlüssig, ob er die Sache weiterziehen wolle oder nicht. Mein Entschluss stand fest, ich stieg aus. Alleine wollte Hans die Sache auch nicht mehr zu Ende bringen, und jemand anderen wollte er nicht mit ins Boot holen.

Ich lernte viel in dieser Zeit. Manchmal war es mir schon fast peinlich zu wissen, wie auch die Hochfinanz lügt und betrügt. Ab jetzt wusste ich: Alles ist käuflich, und es hängt einzig und alleine von der Summe ab, ob jemand bestechlich ist oder nicht.

Mir persönlich hatte ich bewiesen, dass ich auf keinen Fall geldgeil war.

Wissen

Ja, die Mächtigen dieser Welt haben ein riesiges Wissen. Sie wissen genau, wie man das Volk an der Nase herum führt und sich schamlos bereichert. Sie wissen, wie man aufmüpfige Leute zum Schweigen bringt. Sie wissen, wohin sie ihren Reichtum transferieren müssen und in welches Land sie notfalls flüchten können.

Mein Wissen macht mir je länger je mehr Sorgen. Ich ertappe mich, dass ich Wissen verdränge, um nicht depressiv zu werden.

Was nützt mir mein Wissen, wenn ich weiß wie korrupt die meisten Regierungen sind? Oder wie die Politiker jahrelang nur Mist produzieren und dafür auch noch geehrt und gut entlohnt werden.

Mein Wissen macht mich krank, wenn ich weiß, wie das Schweizer Bankensystem funktioniert. Wie massenweise

„Persilscheine“ für die Leute in der Teppichetage ausgestellt werden, die den Kunden das Geld aus der Tasche gelockt und den Betrieb in den Ruin geführt haben. Na ja, dass es nicht soweit gekommen ist, dafür sollten sie sich bei den Steuerzahlern bedanken. Aber dieses wichtige Wort „Danke“ fehlt eh' in ihrem Vokabular. Dafür kennen sie das Wort „Bonus“ umso besser.

Das Wissen bringt mich zum Kotzen, wenn ich weiß, wie viele Milliarden Euro jedes Jahr bezahlt werden, um die überschüssigen Lebensmittel zu vernichten, oder um die Preise stabil hoch zu halten, und im selben Augenblick verhungern Tausende von Menschen.

Was nützt mir mein Wissen, wenn ich weiß, warum auf dieser Welt Kriege geführt werden?, – warum Leute Verbrechen begehen und nicht verurteilt werden?, – dass der Konsum steigt, wenn massenhaft Leute in ein Land strömen? Egal, ob man sie gerufen hat oder nicht. Aus diesem Grund werden sie auch toleriert.

Warum muss man in einem Studium so viel „Beigemüse“ lernen, obwohl man es im Leben nie mehr braucht? Einfach um des Wissens / Lernens willen…?

Das wichtigste Wissen, so scheint mir, ist das Insider-Wissen. Das Wissen, wann, wo und wie man am besten, einfachsten und angenehmsten durch das Leben kommt.

Wissen ist Macht, aber meist nur für die Mächtigen.

Geklaute Geschichten I

Geklaut und für gut befunden.
Die Geschichte vom Blumentopf und dem Bier. Wenn die Dinge in deinem Leben immer schwieriger werden, wenn 24 Stunden am Tag nicht genug sind, erinnere dich an den „Blumentopf und das Bier“!

Ein Professor stand vor seiner Philosophie-Klasse und hatte einige Gegenstände vor sich. Als der Unterricht begann, nahm er wortlos einen sehr großen Blumentopf und begann, diesen mit Golfbällen zu füllen. Er fragte die Studenten, ob der Topf nun voll sei. Sie bejahten es.

Dann nahm der Professor ein Behältnis mit kleinen Kieselsteinen und schüttete diese in den Topf. Er bewegte den Topf sachte, und die Kieselsteine rollten in die Leerräume zwischen den Golfbällen. Dann fragte er die Studenten wiederum, ob der Topf nun voll sei. Sie stimmten zu.

Der Professor nahm als nächstes eine Dose mit Sand und schüttete diesen in den Topf. Natürlich füllte der Sand den kleinsten verbliebenen Freiraum. Er fragte wiederum, ob der Topf nun voll sei. Die Studenten antworteten einstimmig «ja». Der Professor holte zwei Dosen Bier unter dem Tisch hervor und schüttete den ganzen Inhalt in den Topf und füllte somit den letzten Raum zwischen den Sandkörnern aus.

Die Studenten lachten. «Nun», sagte der Professor, als das Lachen langsam nachließ, «ich möchte, dass Sie diesen Topf als die Repräsentation Ihres Lebens ansehen. Die Golfbälle sind die wichtigen Dinge in Ihrem Leben: Ihre Familie, Ihre Kinder, Ihre Gesundheit, Ihre Freunde, die bevorzugten, ja leidenschaftlichen Aspekte Ihres Lebens, welche – falls in Ihrem Leben alles verloren ginge und nur noch diese verbleiben würden – Ihr Leben trotzdem noch erfüllend wäre.

Die Kieselsteine symbolisieren die anderen Dinge im Leben wie Ihre Arbeit, Ihr Haus, Ihr Auto.»

«Der Sand ist alles andere, die Kleinigkeiten. Falls Sie den Sand zuerst in den Topf geben», fuhr der Professor fort, «hat es weder Platz für die Kieselsteine noch für die Golfbälle. Dasselbe gilt für Ihr Leben. Wenn Sie all Ihre Zeit und Energie in Kleinigkeiten investieren, werden Sie nie Platz haben für die wichtigen Dinge. Achten Sie auf die Dinge, welche Ihr Glück gefährden. Spielen Sie mit den Kindern.

Nehmen Sie sich Zeit für eine medizinische Untersuchung. Genießen Sie das Leben bei einem schönen Abendessen. Es wird immer noch Zeit bleiben, um das Haus zu reinigen, zur Arbeit zu gehen, oder Pflichten zu erledigen. Achten Sie zuerst auf die Golfbälle, die Dinge, die wirklich wichtig sind. Setzen Sie Prioritäten. Der Rest ist nur Sand.»

Einer der Studenten erhob die Hand und wollte wissen, was denn das Bier repräsentieren soll. Der Professor schmunzelte: «Ich bin froh, dass Sie das fragen. Es ist dafür da, Ihnen zu zeigen, dass, egal wie schwierig Ihr Leben auch sein mag, es immer noch Platz hat für ein oder zwei Bierchen.»

Geklaute Geschichte II

Die Geschichte von zwei Kieselsteinen, die mir imponierte!

Der Unterschied zwischen Logik und lateralem Denken (Querdenken).

Es war einmal in einem kleinen Dorf ein Bauer, der eine große Summe Geld einem alten unfreundlichen Mann schuldete. Der Bauer hatte eine hübsche Tochter, an der der Alte seinen Gefallen hatte. Er machte folgenden Vorschlag: Er sagte: «Wenn er die Tochter heiraten könnte, würde er die ganzen Schulden streichen».

Der Bauer und die Tochter waren bestürzt über diesen Antrag. So schlug der Alte vor, dass Glück das Resultat dieses Vorschlags sein sollte. Er schlug vor, zwei Kieselsteine, der eine schwarz, der andere weiss, in den leeren Geldbeutel zu legen. Die Tochter würde dann, ohne hineinzusehen einen Kieselstein entnehmen.

1) Sollte der Kieselstein schwarz sein, dann heirate er die Tochter, und somit sei die Schuld erlassen.

2) Nimmt sie den weißen Kieselstein aus dem Beutel, dann muss sie ihn nicht heiraten, und die Schuld ist ebenfalls erlassen.

3) Verweigert die Tochter, einen Kieselstein zu entnehmen, geht der Bauer ins Gefängnis.

Während er so sprach, beugte sich der Alte und nahm zwei Kieselsteine.

Beim Beugen betrachtete die Tochter den Alten mit scharfem Auge. Sie entdeckte, dass der Alte zwei schwarze Kieselsteine aufnahm und in den Geldbeutel legte. Aber, sie schwieg.

Der Alte forderte die Tochter auf einen Kieselstein zu entnehmen. Dieses Gespräch fand auf einer Strasse statt, die voll von Kieselsteinen war.

Stell Dir vor für einen Moment, was Du in dieser Situation getan hättest. Welche Empfehlung hättest Du für die Tochter? Analysieren wir die Situation. Drei Möglichkeiten existieren:

1) Die Tochter verweigert, einen Kieselstein zu entnehmen.

2) Die Tochter entnimmt beide Kieselsteine dem Beutel und stellt somit den Alten als Betrüger dar.

3) Die Tochter nimmt den schwarzen Kieselstein aus dem Beutel und opfert sich dem Alten als Gattin, um den Vater vor dem Gefängnis zu bewahren.

Überlege für einen Moment die prekäre Lage. Die Geschichte stellt folgendes dar: den Unterschied zwischen logischem Denken und lateralem Denken (Querdenken).

Das Dilemma der Tochter für eine gerechte Lösung scheint ausgeschlossen. Mit traditioneller Logik.

Was sind die drei möglichen Optionen? Was hättest Du getan?

Dies vollzog die Tochter: Sie steckte ihre Hand in den Beutel und nahm einen Kieselstein und mit Ungeschicklichkeit fiel der Kieselstein auf den Boden.

Bevor jemand feststellen konnte ob er jetzt schwarz oder weiss gewesen sei, vermischte sich der Kieselstein mit den vielen anderen auf der Strasse.

«Oh je, wie unbeholfen ich bin!», meinte die junge Frau.

«Aber kein Problem. Wenn ich jetzt den zweiten Stein herausnehme, dann wissen wir sofort welche Farbe der erste hatte.»

«Wir werden also wissen welche Farbe der erste Kiesel gehabt hat, nicht wahr?»

Da der zweite Kiesel schwarz war, musste der erste weiß gewesen sein. Der Alte getraute sich natürlich nicht, seinen Schwindel zu gestehen.

Die junge Frau verwandelte eine unmögliche Situation zu einer erfolgreichen Lösung.

Die Moral der Geschichte: Eine Lösung existiert für die meisten Probleme.

Manchmal wissen wir nur nicht, wie man eine solche Situation nach all seinen möglichen Facetten drehen kann.

Möge dein Leben erfüllt sein mit positivem Denken und weisen Entscheidungen!

(Mit freundlicher Genehmigung aus dem Buch von Gisela Rieger: „Inspirationen für's Herz")

Rauchen und andere Süchte

Viele Süchte hatte ich nie zu bekämpfen. Alkohol war nie ein Problem bei mir. Schachsucht, ja, an der „litt" ich zehn Jahre lang. Arbeitssucht war für mich ab und zu ein Problem, aber auch das bekam ich in den Griff. Was mir nie gelingen wollte, mich vom Rauchen zu befreien. Aber lesen sie selbst:

„Papi bitte, wir möchten, dass du wieder rauchst!“ So baten mich meine zwei kleinen Jungs, gesandt wohl von der Mutter. Allesamt litten sie an meinem nervösen Getue und „Ausflippen“ bei jeder möglichen und unmöglichen Gelegenheit, nur weil ich wiedermal einen (gescheiterten) Anlauf unternommen hatte, mit dem Rauchen aufzuhören. Wie oft schon war ich gescheitert, die Sucht, die mich fest im Griff hatte, zu besiegen. Zwei, maximal drei Tage, dann hatten die Qualen ein Ende. Ein Ende für mich und für meine Familie, die sich jedes mal fürchtete vor meinen Eskapaden, wenn ich wieder mal verkündete, dass ich mit dem Rauchen aufhören würde.

Alles Mögliche hatte ich versucht. Ein Kinderarzt hatte mit einer Akupunktur-Therapie keinen Erfolg. Antiraucher-Bonbon lutschen und Antiraucher-Pflaster funktionierten ebensowenig.

In meiner Jugend- und Sportzeit war Rauchen natürlich tabu gewesen. Erst als ich meine erste Freundin hatte und die bei Festivitäten eine Schachtel „Palette“ bei sich hatte, um zu zeigen, dass sie / wir jetzt auch zu den Erwachsenen gehörten, paffte ich ab und zu mal eine mit. In meiner Jugend- und Drangzeit war ich nie süchtig auf Nikotin. Das fing erst an, als ich verheiratet war (warum auch immer…). Natürlich durfte man damals noch in allen Räumlichkeiten rauchen, und natürlich habe ich auch zu Hause im Wohnzimmer geraucht, was mein älterer Sohn Michael zum Anlass nahm, sich die Nase zuzuhalten, um auf einen rauchfreien Platz zu wechseln. Ihn störte es fürchterlich, und mich nervte er!

Michael mochte so um die zehn Jahre alt, und Thomas fünf gewesen sein, als sie bei mir am Küchentisch aufkreuzten und mich ganz ehrfürchtig baten, wieder mit dem Rauchen zu beginnen. Wieder einmal hatte ich versucht, von der Sucht wegzukommen, war bei jeder Kleinigkeit ausgeflippt und hatte die Familie terrorisiert.

Das gab mir schon zu denken, und ich schämte mich. Zum einen weil mich sogar meine Kinder um des lieben Friedens Willen ermutigten, weiter meiner Sucht zu frönen, und zum anderen weil ich es einfach nicht schaffte, vom Nikotin wegzukommen.

Als in unserer regionalen Tageszeitung ein Inserat erschien, in dem ein Psychologe aus Bern den Lesern versprach, sie – also auch mich – für 80 Franken an fünf Abenden zum rauchfreien Mann zu machen, schlug ich spontan zu. Meine Familie kam schon in Panik, als ich von meinem Vorhaben nur erzählte. Fünf Montagssitzungen á zwei Stunden sollten mich zum Nichtraucher machen, so stand es in der Zeitung. Also versuchte ich es wieder.

Der erste Montagabend: Frohgemut ging ich Richtung Kurslokal, rauchte draußen noch genüsslich eine Zigarette, dann ging´s los. Der Psychologe, ein alternativer Typ mit langen und ungepflegten Haaren, forderte uns acht Teilnehmer auf, jeder Einzelne sollte mal erzählen, „warum und wieso und überhaupt"...

Das war eine recht illustre Gesellschaft. Rechts von mir ein junger, arbeitsloser Deutscher, der, wie er mir nicht ohne Stolz erzählte, das Schweizer Sozialsystem ausnützte, das ihm schon sechs Therapien bezahlt hätte, um vom Rauchen wegzukommen. Aber ohne Rauch gehe bei ihm gar nichts, und das sei auch diesmal so.

Weiter mit dabei ein Beamter aus Spiez, der die verantwortungsvolle Aufgabe hatte, alkoholkranken Menschen zu helfen und sie von dieser Sucht zu befreien. Also die ganze Bandbreite von Hilfe suchenden Leuten war anwesend.

Zweiter Montagabend: Wie geahnt, der Deutsche ward nicht mehr gesehen. Ich selber hatte eine Woche durchgehalten, aber nun war es an der Zeit, dass ich wieder Unterstützung bekam. Von den anderen hatte es, außer einer Hausfrau, niemand sonst noch geschafft, aber alle waren gewillt, einen zweiten Anlauf und Versuch zu machen.

Dritter Montagabend: Drei hatten das Handtuch geworfen und waren ausgestiegen. Übrig geblieben waren der Beamte, eine Hausfrau, eine Verkäuferin und ich. Der Beamte wollte einen dritten Versuch wagen!

Vierter Montag: Der Psychologe und ich waren anwesend und warteten auf die anderen. Niemand sonst erschien, also machte ich den Vorschlag, unsere Sitzung in der nahegelegenen Kneipe bei einem Bier abzuhalten. Der Typ war mir einfach sympathisch. So bescheiden und ohne jede Allüren. Und, was wichtig war, kein Besserwisser, der anderen Leuten mit dem erigierten Zeigefinger drohte. So lernte ich einen Menschen kennen, der mir richtig geholfen hat und zu dem ich volles Vertrauen hatte.

Der fünfte und letzte Montag lief ab wie der vorhergehende. Wir trafen uns in der Kneipe, und beide erzählten wir uns aus unserem Leben.

Seit einem Monat hatte ich keine einzige Zigarette mehr geraucht. Ich war *clean* und hatte null Verlangen danach. Und stolz war ich darauf, es als Einziger geschafft zu haben. Meine Familie war total überrascht, dass ich nie und zu keiner Zeit ausgeflippt war und die Sucht nun voll im Griff hatte.

Meine Schwiegermutter machte mir den Vorschlag, dass sie mir 500 Franken bezahlen würde, wenn ich es ein ganzes Jahr aushielte ohne Rauch. Nach einem Jahr holte ich mir das Geld ab, und ich rauchte zehn Jahre lang keinen einzigen Glimmstengel.

Zu denken gab mir dieser Beamte, der vom Gesundheitsamt angestellt war, den Alkoholikern in der Region zu helfen, von der Sucht wegzukommen, es aber selber nicht schaffte, sich das Rauchen abzugewöhnen.

Die Schweiz –
Wohltäter, Nutznießer und Schmarotzer

Zuerst mal ein Loblied auf die Italiener. Sie waren es, die Ende des 19. Jahrhunderts unsere Tunnels gebaut hatten. Dafür hatten sie Ihre Gesundheit und so oft auch ihr Leben aufs Spiel gesetzt, und das für einen minderwertigen Lohn. Sie wurden wie Tiere gehalten und dementsprechend behandelt. Im Stollen des Gotthardtunnels waren sehr wenige Schweizer. Ich weiß, dass in der einen Mannschaft ein Schweizer dabei war. Sie nannten ihn „Svizzero", weil er weit und breit der Einzige war. Dieser hatte dann auch ein Buch geschrieben, was in unserer Schule damals eine echte Vorzeigeliteratur und von unserem Lehrer hochgelobt war und immer wieder gelesen wurde.

In den 40er und 50er Jahre wurden zudem viele Italiener in der Landwirtschaft eingesetzt. In dieser Zeit kam auch das Schimpfwort „Tschingge" für die Italiener auf. Ich hatte mir oft Gedanken gemacht, wie so ein Wort entstehen kann, und ich glaube ich habe die Lösung dafür gefunden. Da ja kaum ein Bauer ein Wort Italienisch sprach und möglicherweise die Zahl 5 – was auf italienisch *cinque* heißt – sehr oft im täglichen Gespräch unter den Italienern vorkam, haben die Bauernlümmel sie dann einfach nur noch „Tschingge" genannt.

Auf dem Bau und in der Gastronomie wurden Italiener in großen Massen eingesetzt. Aus der Schule entlassen, hatte ich einen Italiano aus der Region von Rom als ersten Freund. Er konnte kein Wort deutsch, ich kein italienisch. Aber abends trafen wir uns vor dem Haus, wo ich meine Metzgerlehre absolvierte und sangen italienische Lieder. Nach einem Jahr konnte ich toll italienisch singen, hatte aber keine Ahnung was der Text eigentlich auf deutsch hieß. Die Fremdsprache lernte ich dann in der Kochlehre, da – außer den Köchen – alles italienische Saison-Gastarbeiter waren. Unser damaliger Küchenchef (ein Deutscher) nannte sie immer verächtlich „Neger“. Bis die „Neger“ sich mal rächten und den Fraß, den er ihnen vorsetzte, samt Geschirr und Platten wieder zurück in die Küche schmissen, begleitet von derben Beschimpfungen und lautem Keifen der Weiber.

Auch ich wurde ab und zu zum Italiano-Hasser. Vor allem in meinen jungen Jahren, als bei Tanzveranstaltungen die Italianos immer zwei Schritte schneller bei den Mädchen waren als wir. Neid kam vor allem auf, als ich unseren Casserolier (Pfannenputzer) sah, der geschniegelt wie ein Gigolo, die Haare dick mit Pomade eingeschmiert, mit spitzen Schuhen, Schlaghosen und einer Goldkette um den Hals, die hübschesten Mädchen „abschleppte“.

Summa summarum kann man mit Recht behaupten, ohne die Italiener hätte es die Schweiz niemals in so kurzer Zeit zu so einem Wachstum gebracht. Sie waren wahre Wohltäter für die Schweiz.

1956 kamen, während des Aufstands gegen die Russen in Budapest, die Ungarn. Im Durchschnitt waren es lauter junge, intelligente und strebsame Flüchtlinge. Vorwiegend auch Studenten, die alles daran setzten, die deutsche Sprache zu erlernen, ihr Studium weiter zu führen und die sich bemühten, so schnell wie möglich Arbeit zu bekommen, um unabhängig zu sein und sich zu assimilieren. Ich vermute, der Schweiz hätte nichts besseres passieren können, als diese Flüchtlinge aufzunehmen. Sie waren ein Segen für uns und unsere Industrie.

Anfangs der 60er Jahre kamen viele Deutsche, um in der Gastronomie sich ihre Sporen zu verdienen. Es war sogar oft so, dass ich in der Küche der einzige Schweizer war. Ein wichtiger Grund für ihr Kommen war ein Zeugnis, ein Beleg, dass sie in der Schweiz gearbeitet hätten. Das war für viele der Schlüssel für eine schnelle Karriere irgendwo auf der Welt, da die Schweizer Küche – zusammen mit den Franzosen – das beste in der internationalen Gastroszene war. Die Zusammenarbeit mit ihnen war nicht immer toll. Auch ich machte genügend schlechte Erfahrungen mit dem einen oder anderen Deutschen.

Was uns Schweizern oft auf den Keks ging, war ihre Arroganz, die meist gar nicht gewollt war, aber einfach so herüber kam. Natürlich hatten wir einige Übernamen* auf Lager für sie, die ich aber hier nicht wiedergeben möchte. Sicher ist, dass wir, egal woher sie auch kamen, alle Deutschen „Schwobe" (Schwabe) nannten. Ich würde sagen, es war für beide Seiten eine *Win-win*-Situation. Beide konnten voneinander profitieren.

Regional begrenzt nisteten sich die Türken ein. Basel war so ein Hotspot von diesem Volk, das ganze Straßenzüge mafiamäßig in Beschlag nahm. Niemand hatte sie gerufen, und trotzdem waren sie plötzlich da. Suspekt waren sie den meisten Schweizern auf jeden Fall.

Mit den Tamilen kamen die ersten Flüchtlinge aus dem asiatischen Raum. „Tamil-Tiger" nannten sie sich, eine Splittergruppe aus Sri Lanka. Selber möchte ich hier nicht auf das „warum und wieso?" eingehen, darüber kann sich jeder selber informieren, wenn´s interessiert. Tatsache ist, dass sich die ausschließlich jungen Männer sehr schnell integriert haben, versucht haben, die Sprache zu erlernen und beruflich Fuß zu fassen. Sehr gerne wurden sie in den Gastro-Küchen eingesetzt, wo viele auch richtig Karriere machten bis hin zum Küchenchef. Fazit: sehr angenehme und fleißige Leute und im Wesen unauffällig.

Mit den Spaniern kam ein sehr fleißiges Volk in die Schweiz, das die Gastronomie wieder auf Vordermann brachte, da

---

* *schweizerisch für:* Schimpfnamen

die meisten Italiener mittlerweile in die Privatindustrie abgewandert waren oder eine Chefposition innehatten. Wichtig für diese Südländer war, hier zu arbeiten, Geld zu verdienen, und so schnell wie möglich wieder zurück nach Spanien in ihre Heimat zu kommen. Dasselbe kann man auch von den portugiesischen Arbeitnehmern sagen, die dann etwas später, aber in diesem Fall mehrheitlich Frauen, in der Gastronomie / Hotellerie eingesetzt wurden.

Dann brodelte es im Balkan und die halbe Welt hatte das Gefühl, hier müsse man sich einmischen. Auf welche Art auch immer. Auch die „neutrale" Schweiz musste doch da „nach dem Rechten sehen", indem sie Soldaten in das Kriegsgebiet sandte. Ausgerechnet die Schweiz hatten sich die – hauptsächlich männlichen – Flüchtlinge aus Ex-Jugoslawien ausgesucht. Sie fanden das vor, wovon sie offenbar geträumt hatten: eine tolle soziale Unterstützung, Geld, Essen, Unterkunft und eine labile Justiz.

Leider war das für die Schweiz ein Schuss ins eigene Knie, obwohl der Bundesrat großspurig erklärte, dass sie wieder zurück in ihre Länder müssten, wenn die Konflikte auf dem Balkan bereinigt wären. Sie waren hier, haben sich ins warme und gemachte Nest gelegt, und niemand hatte die Absicht, wieder zurückzukehren. Nicht in wirtschaftlich eher bescheidenen Verhältnissen wie zu Hause, nein, hier wollten sie das volle Leben genießen und nützten auch jede Gelegenheit, die Ämter, den Staat und somit die Steuerzahler zu bescheißen.

Mit ihnen kam auch der Rest vom Balkan in die Schweiz, getarnt als Touristen und – wie sich dann meistens herausstellte – als Kriminaltouristen. Die Gefängnisse waren oft überbelegt mit ihnen, der prozentuelle Anteil von diesen Leuten stieg auf über 90%. Wobei Einbruch schon kaum mehr ein Delikt war. Nichts war mehr in der Schweiz wie es vorher war. Frauen hatten plötzlich Angst, alleine auf die Strasse zu gehen, und Männer mussten befürchten, dass sie angegriffen würden. Sogar Rekruten wurden verprügelt, wenn sie am Donnerstagabend ihren freien Ausgang hatten.

Kaum jemand in der Schweiz blickte da durch, wer mit wem und warum Krieg führte. Da waren hauptsächlich Albaner, Kosovo-Albaner, Kosovaren und Serben, wo einer den anderen einen Kopf kleiner sehen wollte. Mit im Gepäck brachten sie auf ihrer „Flucht" auch ihre Konflikte, die dann auch in der Schweiz zum Teil offen ausgetragen wurden. Mit immer mehr Einwanderungen, wo dann ganze Familienverbände und Clans kamen, dazu ihr bandenmäßiges Auftreten, verbreiteten sie Angst und Schrecken unter der Schweizer Bevölkerung. Kampfsportstudios, Bewachungsfirmen und die Türsteherbranche war fest in balkanischen Händen. Natürlich wurde auch im Drogenhandel kräftig mitgemischt.

Oft wurden unangenehme Balkaner mit dem Schweizer Pass ausgestattet, womit man erreichte, dass sie nicht mehr als Ausländer, sondern als Schweizer in die Statistik eingingen. Große Empörungen stiftete eine Boulevardzeitung in der Schweiz, als bekannt wurde, dass ein „Zugereister" mitsamt seiner Großfamilie aus Protest seinen Müll mit der Begründung im Garten stapelte, dass die 6.200 Franken, die er monatlich vom Staat bekam, einfach zu wenig seien! Noch unverständlicher war es dann, als die gleiche Zeitung den Fall namens „Carlos" aufdeckte, der seit seiner Jugend kriminell und straffällig aufgefallen war, aber dafür dann vom Staat eine tolle Wohnung in Zürich, mit einer Tag- und Nacht Betreuung von einer Frau, dazu ein spezielles Kampfsport- und Boxtraining, sowie etliche nutzlose Therapien bekam. Anstelle den Typen einfach auszuschaffen, samt seiner Sippe, wurden sage und schreibe jeden Monat für diesen „Bubi" 30.000 Franken investiert.

Über die schweizerische/albanische Fußballnationalmannschaft decke ich aus Pietätsgründen lieber das Tuch des Schweigens…

Viele mögen jetzt aufschreien und rufen, dass man doch nicht verallgemeinern soll und es auch gute Albaner und andere gäbe. Stimmt, kann ich da nur sagen. Ich rede auch nur aus meinen eigenen Erfahrungen, und die besagen, dass ich keinen einzigen zuverlässigen und vertrauenswürdigen Typen aus dem Balkan als Mitarbeiter gehabt oder gekannt habe. Dass es von jeder Nation den einen oder anderen „Schilugger" gibt, scheint mir auch kein Problem zu sein, aber der prozentuelle Anteil der „Schilugger" vom Balkan ist erschreckend hoch.

Wer mich jetzt einen Rassisten nennt, dem kann ich mit ruhigem Gewissen widersprechen. Denn wer mit so vielen und unterschiedlichen Nationen wie ich zusammengearbeitet hat und dennoch das Gefühl hat, dass ich ein fremdenfeindlicher Rassist bin, der / die darf das ruhig für sich behalten. Ende der Diskussion…

Da in der Schweiz nichts mehr so blieb, wie es einst war, mir Überfremdung und Massentourismus zu schaffen machten und es mir immer enger wurde, musste ich überlegen, wohin ich selbst „fliehen" wollte, sollte ich das Pensionsalter erreichen. In Frage kamen Italien, da ich ganz passabel die Sprache beherrschte und die Mentalität der Italiener kannte. Spanien, da auch hier mir die Sprache nicht fremd war. Frankreich und Deutschland kamen auf gar keinen Fall in Frage, und Österreich war mir zu nahe an der Schweiz.

Da kam mir die heimliche Liebe zu Ungarn sehr gelegen. Das war es, was ich wollte: eine totale Herausforderung mit einer Sprache, zu der ich absolut keine Beziehung hatte, eine Mentalität, die mir fremd war. Ungarn ist viel größer als die Schweiz, aber hat kaum mehr Einwohner. Und wichtig war für mich: kaum Berge, die die Sonne abhalten.

So gesehen hatte ich mein Paradies gefunden, und nix konnte mich noch aufhalten, nach Ungarn auszuwandern. Was ich dann schrittweise tat.

Polo Hofer & Hanery Amman

Noch eine informative Geschichte für meine Schweizer Freunde, insbesondere vom Berner Oberland.
(in Berndeutsch geschrieben)

Liebi Bärner, äs isch zwar nid eifach für mi dialäkt z´schribe, aber i versueches trotzdäm.

Wi scho akündigt im interjuh vo dr jungfrouzytig, hani mit äm polo etlechi kontakte gha. Agfange hets im Hotel Savoy, woni mit dr Bärble un em „Güetzi" zäme ä Chäuer iigrichtet ha für »*Polo and the Jetmen*« als Üebigslokal. Nei, Fründe si mier nie gsi, aber weni bi z'Interlake gsy, bini gärn a sini konzärt. Zu dere Zyt isch natürlich no Beatels und Stonsverschnitt mode gsy drzue heisi e schöni Schale, dr Chüttu ohni Chrage anne gha mit Gravatte.

I bi bruefsbedingt vüu ungerwägs gsi u ha nume sporadisch mit übercho, was ufem Bödeli so louft. Aber weni da bi gsi, bini immer i adler go jasse. Dert hani ou dr amme wäutu (Walter Amman) glehrt kenne. Dä mit de beschte Musigautomate wit und breit. Das isches richtigs Schlitzohr gsy bim jasse u hetis vüu no z'letschte Fränkli usem Hosesack zoge. Derfür het är üs de iiglade und zs zuufe zaut. Är het ä säutene Rekord ufgscheut het me mier gseit. Är sigi 25 Johr ohni Billiet mit dem Outo umegfahre bis si ne de verwütscht heige. Är heig du i Kischte müesse u het, soviel ig weis, kei Uswiis meh übercho. Woner isch use cho het är ä Amischlitte kouft, u si Frou hetne de im offene Chare dür Interlake gutschiert. Äs paarmau zwüschem oscht- u weschtbahnhof hin u här gfahre, u dr wäutu isch wine chönig ufem biifahrersitz ghoket, het uf aui site gwunke wie ds'Lisi vo ängland.

Nachem Jasse simer meischtens no zäme dür Interlake gloffe u hei über üsi problem gret. Är het mer vüu über si junge klagt, das im dä bängu meh u meh sorge machi, wüuer immer wider dummheite aschtöui, mit der Polizei z'düe heig, u är immer aues müessi mit Gäut guet mache. Aber usem Haneri isch du doch no öpis guets worde.

Ändi 60er Johr hani Interlake verlo, äs Meitli vo Bönige ghürate u nach Bärn züglet. 1977 simer wider zrüg cho u heis immerhin bis zum Tor zum Oberland bracht, u nach Thun zoge.

Einisch het dr Polo im Kursaal z'Thun äs Konzärt gä. Äs isch die Zyt gsy woner meischtens bsoffe uf der Büni stande isch u mängisch vom Publikum uspiffe worde isch. I ha i dr nächi vom Kursaal äs Reschterant gfüert u Polo isch vorem Konzärt zu mier cho nes Kafifertig trinke. I hane gfragt öber mi no kenni? „Gimer äs Stichwort" het är gmeint. Hahaha...! Aber kennt het är mi nümme...!

Jede Ähnlichkeit mit lebenden oder toten Personen ist beabsichtigt und gewollt.

Ihr Autor

Wer einen Fehler findet, darf ihn behalten, er ist kostenlos...!

Der Korrektor

Quellenangaben

Gedicht Seite 2: Mit freundlicher Genehmigung vom Autor Jörg Ulrich Helgert (JUH)
https://www.facebook.com/JUHschreibt

Artikel Seite 8 ff.: Den hier zitierten Artikel finden Sie im Internet unter : Artikel Nr. 159854 vom 23.11.2017 – Autor/in: Nora Devenish
https://www.jungfrauzeitung.ch/artikel/159854/

Kapitel „Der Unterschied zwischen Logik und lateralem Denken (Querdenken)" Seite 2 ff.: Mit freundlicher Genehmigung aus dem Buch von Gisela Rieger: „Inspirationen für's Herz"